U0039313

生活勵志
051

# 當然可以
# 不生氣！

Never
get upset

## 45個簡單策略
### 讓你不論好日壞日，都從容優雅

暢銷心靈作家

# 何權峰 ——— 著

高寶書版集團

# 當然可以不生氣！

假設在公車上有人踩了你一腳，你會作何反應？

你可以報以微笑，表示沒什麼大礙；你也可以說聲「沒關係」，表示接受對方的道歉；或者你也可以怒目相視，說：「你是沒長眼睛嗎？」然而多數人碰到這種情況，都會覺得別無選擇，非發脾氣不可。

過去二十年，我參加過無數研討會，也寫了許多有關心靈成長和勵志的書。既然我受過專業訓練，同時又寫過那麼多書，在處理人生問題時，我似乎應該勝過一般人。

但說來慚愧！當事情進展不順利時，我也會挫折；遇到厭

何權峰

煩的人，我同樣感到不耐；有些負面情緒仍揮之不去，甚至莫名被踩了一腳我也會不高興。

沒錯，我有專業技巧可以助人，但是自助又是另一回事。

原因在於處理個人問題時，因涉及個人情緒會變得比較不客觀。

還記得多年前，我的人生陷入低潮，那時我抱怨環境、厄運、別人。後來，我反躬自省才驚覺，我忘了自己擁有的自由意志。縱使，我不能掌控每件事情，我依然可以自由地選擇自己面對事情的態度。

從寫作的反思讓我領悟到，是那段日子，讓我學到了處理困境的方法，同時成長最多。

曾有人問我：什麼叫做「成長」？當心靈的智慧開啟了，就是成長。有了智慧，我們才知道如何免除人生的煩苦。

所以，我的工作不是要除去你的問題，而是提供你可用的技巧，來為自己的生活負責。

激勵和幫忙不同。如果人們餓了，你可以給他們食物，暫時幫忙他們；但如果你教他們自己獲得食物，並能自給自足，你激勵他們的力量，那才是根本之道，而不是反覆從問題中解救他們。

本書是我個人見解，關於為什麼事情會出錯，和可能的解決之道。我不會多談我的困境，而會強調我從中學到的經驗。我不會假裝是萬事通，如果你正面臨類似的狀況，我相信你會從本書中發現一些有用的見解。就像被人踩了一腳，當你發現對方是個瞎子，或學會了笑看人生，你會作何反應？

你當然可以不生氣！

# 目錄

# PART 1 難過，笑笑就過

痛苦是必然的，人生誰能躲過，
但要不要繼續折磨受苦，卻是可以選擇的；
你可以選擇不讓它成為終身的折磨。
用幽默的心情，看待惱人的事情，
你會發現，煩惱變小了，世界卻變大了。

# 十年後我還會在乎這件事情嗎？

面對問題時，要平心靜氣，要客觀超然、大而化之。這些道理說來簡單，做起來並不容易。但多次的經驗讓我們得知，許多原本看起來很不得了的事件，或可能變成很嚴重的問題，等到事過境遷後，我們再回想起這件事，經常會有：「其實也沒什麼大不了了嘛！」的感覺。

你是否有過類似經驗，當時你真是氣炸了——你的車子被刮、輪胎被洩氣、被反鎖在門外、店員態度惡劣、朋友約會不準時、孩子把飲料打翻或是先生、太太又忘了你交待的事……等等，而今呢？你還氣嗎？

再回想一下，幾年前發生在你身上的大事，不管是情人變

心、考試搞砸、生病住院、做錯了決定或是受騙上當、遭人誣陷……，當時你憤慨、悲傷、沮喪、充滿著無力感；你哭過、喊過，好像天要塌下來了。然而在多年之後的今天，回顧過往，是不是淡然許多，甚至早已忘了？

俗話說：「時間可以治癒一切。」時間真的可以幫我們沖淡一切嗎？不，事實上，時間並沒有改變什麼，它不能改變任何既成的事實和結果，你之所以釋懷，是因為你改變了——也許是時間讓你變得不同，也可能是你的想法和觀點變了。

時間並不是主要的關鍵，重要的是你。你之所以需要時間來把事情淡忘，是因為每當問題發生時，你總是「太入戲」；你是那麼的激動，整個人像著魔似的，根本沒空讓自己冷卻下來，所以時間是需要的。

但是，如果你能當下就釋懷；如果你能在事件發生不久就

看開、就想通、就把它放下呢？那時間就不需要了。

經常我們都把自己搞得又氣又惱，因而沒有發現，許多時間和精力是浪費在為一點小事爭鬥、為一點小利計較。試著拉長時間看事情，並這樣問自己：「十年後我還會在乎這件事情嗎？」你想像十年後自己的感覺，再想想現在的自己，你會如何看待今天遇到的問題？它很嚴重嗎？它對你的生命造成什麼影響？它會造成什麼改變？你以後還會記得它嗎？

這個方法十分有效，就像你把手拿遠一點，視線就不會被遮住；當你把事情放遠來看，問題就會顯得十分渺小；你就會發現，其實也沒什麼大不了！

# 找找看，這件事有什麼好玩的地方？

發現一件事好玩和發現一件事令人挫折的唯一差別只在「時間」。

某次朋友聚會，席間聊到體重的話題，一位發福的朋友說了自己的遭遇。有天，他到書局閒逛，正要離開時，沒想到店員把他叫住，要他打開外套，原因是店員看到他的「鮪魚肚」，懷疑他裡面有藏東西。他當時既生氣又困窘，可是不久之後，他竟把這件事當笑話說給大家聽。

記得女兒三歲時，有次回奶奶家，大夥在樓下聊得正起勁，突然想起女兒呢？幾個人到二樓房間一看，當場傻眼，她把奶奶的乳霜整瓶都挖出來，不但抹得滿臉，還塗得化妝臺、地板

都是。當時她滿懷愧疚，可是等到她十三歲的現在，這件事成了她最愛提的陳年往事。每次提起這件事，大家都開懷大笑。

你說是不是？當事隔一段時間以後，原本咒罵或抱怨的事，很可能變成一則「笑話」。

「如果這件事一點都不好笑呢？」

那就去找找看：這件事有什麼好玩的地方？

比方說，約會的經過越禍不單行、旅遊的過程越不順、被騙的經驗越離譜、規劃好的事越出狀況、音樂會越無聊、辦事員越刁難、服務生越粗魯、醫生越笨拙、學生越調皮、朋友說話越誇張、先生或太太越多毛病、出的糗越大……等等，以後你把它們當作笑話來說，就越精采有趣，不是嗎？

有人也許會懷疑：「在事情發生的當下，怎麼笑得出來？」

這問題說出了重點，這也就是為什麼要大家學習幽默。

某天，一對夫妻吵架，太太一氣之下把衣服整理整理，拿了就說要離家出走，還說這個家她再也待不下去。這時，先生說話了，他說：「好啊！這個家我也待不下去了，我們一起走吧！」太太一聽，先是愣了一下，之後夫妻倆就開開心心地結束這場無謂的爭吵，進屋去了。今天換作別人可能會回那位太太說：「好啊！去啊！走了就別再回來！」這樣不但事情沒解決，反而越弄越糟。

幽默就像為嬰兒換尿片，雖不能一勞永逸解決問題，但能改善問題，讓嬰兒停止哭泣，甚至破涕為笑。

以色列的獨眼龍議員戴揚，被其他議員恥笑：「你只有一隻眼睛，又怎麼能看清楚預算呢？」沒想到他不但不生氣，還笑笑說：「我這隻眼睛，用來看帳目，才一目了然啊！」一句話，讓在場的人都笑翻了！

一八一四年，法國大將軍陶梅尼在前線打仗時，被敵軍的炮彈轟斷了一條腿。他出院返回部隊後，每天幫他擦皮鞋的勤務兵，看到將軍斷了一條腿，嚇得哭了起來！「你哭什麼？」陶梅尼將軍笑著說：「以後你只要擦一隻皮鞋就可以了，這樣不是很好嗎？」

當我們把焦點都放在「好的」一面；把注意力放在「這件事有多好玩（或好笑）」，而不是放在「這件事有多糟」時，問題已經解決了一半。

用幽默的心情，看待惱人的事情。你會發現，煩惱變小了，世界卻變大了！這就是幽默的力量。

16

# 試著對迎面而來的人微笑

你猶豫要對迎面而來的人做何表情嗎？

「到底要笑呢，還是不笑？」、「如果笑了，對方卻板著臉，那不是很難堪嗎？」躊躇之間，對方早已跟你擦身而過。其實對方笑不笑有什麼關係，因為那笑容是你的，快樂的人也是你，你有任何損失嗎？

前幾年，在美國、日本還興起一種補習班，叫做「微笑補習班」。許多人繳費去學習微笑。想想，嬰兒出生後不久，無需任何教導，便會笑，但當我們長大後，反而「笑不出來」，這不是很好笑嗎？

有位令我印象深刻的「老病人」，臉上總帶著微笑，到病

房來的護士也常被她逗笑。有一次，我忍不住問她：「妳怎麼能常保微笑？」

聽了我的問題，她笑得更開了，說：「當你到了我這般年紀，回顧過去，你會發現自己有太多時間都浪費在無關緊要的事情上。現在我七十幾歲了，再也不在乎兒子是不是又忘了把浴室燈關上，或我丈夫的成就、收入不如人。我已知道，人生啊！活得快樂最重要！」

就像一位老人看著小孩嬉戲，無論小孩把自己的遊戲看得多認真，老人都會覺得有趣、好玩。我們應該學習用同樣的方式「笑看人生」。

微笑不必花你一毛錢，獲益卻難以估計。業務員和店員說，當他們面帶笑容時，生意都比較容易成交；在醫院裡，病人發現，會笑的護士比不會笑的讓他們康復得更快；在職場上也發

18

現，愛笑的主管比繃著臉的更深得人心。

凱莉曾是個不受歡迎的主管，讓她手下員工討厭的，並不只是她「高高在上」的態度，更引起眾怒的是，她總是一副盛氣凌人的樣子。大家對她都恨得牙癢癢！

「某天，有個員工該做的事又沒做，這已經不知道是第幾次了，我正按捺不住要破口大罵的時候，」凱莉告訴我：「我深深吸一口氣，然後對他微笑。」

「然後呢？」我好奇地問：「那員工有什麼反應？」

「嗯，說來有點彆扭，我當時對那個員工說：『沒關係，以後改進就好！』我真不敢相信這是我說的話。神奇的是，我笑了，他也笑了。從此以後，他像變成另外一個人似的，再也不用我操心。」她以微笑代替生氣，反而獲得更好的效果。

就像心理學家威廉‧詹姆斯說的：「人會笑才快樂，並非

因快樂而發笑。」先微笑，然後快樂就隨之到來。

只要你笑，大家都會跟著你笑，這是多美好的一件事！

此後，每次我跟人見面之前，都會先在心裡默想，最近發生在我身上的幸運、值得感激的事，一個衷心的微笑便自然而然地展現在我臉上，而對方看到我如此開朗的笑容，也會給予相同的回報。

微笑吧！德蕾莎修女鼓勵大家：「相視而笑；對妻子笑、對丈夫笑、對孩子們笑。彼此微笑，別管那是誰。因為小小笑容就能大大增進你們之間的感情。」世界上有一種不會凋謝的花，那就是微笑。

今天起，出門時，別忘了對迎面而來的人微笑。美好的一天，就從一個微笑開始！

# 想像這個人脖子上掛著「內有惡犬」

你覺得奇怪，每天都跟你打招呼的那個人，為什麼今天卻

愛理不理？

你不懂，也沒發生什麼事，為什麼他的口氣這麼差，還對

你擺臭臉？

你不解，又沒得罪那個人，他為什麼對你發那麼大的脾氣？

你不了解，當然會覺得奇怪。比方說，當我們因頭痛而變

得煩躁易怒，我們很容易了解自己的情緒是因頭痛而起；然而

別人並不知道，他們無法得知我們的感受，就會覺得奇怪：「為

什麼他會這樣？」

我們對別人的評斷也一樣，由於我們無法得知別人的感受，

所以我們會去評斷他們的言行。「他不應該亂發脾氣。」、「一點小事，何必發那麼大的火？」我們只看到外在的言行，看不到對方內在的感受，就很難感同身受；這也是人與人之間常有誤解的原因。

當我們看到一張臭臉，我們並不知道他其實是身體不適；當我們對馬路上橫衝直撞的車大罵，又豈能料到他家中剛發生意外，他正急著趕往；當我們對一個不友善的職員或店員發怒時，我們並不知道他的同事在工作上撈過界，搶走了部分屬於他的客戶，我們更不知道他的老闆剛訓了他一頓……。

認清一個人言行背後的事實是最重要的。很多時候，別人對我們沒有好臉色，或是說話不客氣，可能是他遇到某些麻煩或是倒楣的事。我們都有過這種經驗，情緒不好的時候，即使是一丁點小事也會觸怒我們。

22

所以，如果有人給你擺臉色看，真的不必太介意；他對你

說話的口氣變差，說了一些觸怒你的話，也不必當真。想像這

個人脖子上掛了一個牌子，寫著：內有惡犬。那麼「狂吠亂咬」

也就可以理解了，不是嗎？

有句法國諺語說得對：「了解一切，自然會寬容一切。」

當你了解每個人都有不同的經歷，是否就能有更多的包容；就

能諒解別人所犯的錯誤呢？

# 不要再抱怨

你有沒有數過自己每天抱怨多少次？

生活有時並不容易，除了工作上的不順利，回到家裡，可能也有一堆繁瑣的事務待處理，若再加上人際間的糾葛，真的會壓得自己喘不過氣。而面對生活中種種的不順遂，偶爾傾吐心中的怨氣也算是一種抒發，但如果光是抱怨，又無助於解決問題，就值得商榷了。

一位老友的太太，幾乎每次姐妹淘聚會都在抱怨。怨老公不體貼，怨孩子不爭氣，怨公婆難相處，怨她的小姑和小嬸們自私，怨家事做不完，怨她的工作不是人做的……。可是過了這麼多年，她嫌得要命的那些人還是一樣，她罵到不行的工作

依然在做，給她的建議就像耳邊風，她抱怨的事情一件都沒有改變過。我這才發現有些人，根本就不想解決問題，只是喜歡抱怨！

解決問題是一回事，抱怨問題是另外一回事。說一則故事：

連續好幾天下著傾盆大雨，有個人站在院子中央，指著天空大罵：「你這糊塗的老天，下這麼多雨可把我害慘了。屋頂漏了、衣服溼了、糧食潮了、柴火溼了……，我倒楣你有好處嗎？雨還不趕快停下來！」

這時，鄰居出來對他說：「你罵得那麼凶，老天聽到，一定不敢隨便下雨了。」

「哼，要是叫罵有用就好了！」那個人氣呼呼地回答。

「既然如此，你又何必白費力氣呢？」鄰居問。那人無言以對。

鄰居繼續說：「與其在這兒罵老天，不如先修好屋頂，再向我借一些柴火，烘乾衣服，烘乾糧食，在屋裡做些平時沒空做的事。」

我們要經常在心裡問一個重要的問題：「我在解決問題嗎？或是我已成為問題的一部分？」如果你老是怨天尤人，那你自己就是問題本身。要解決問題，只有先改變自己。

下回當你與人閒聊或跟朋友聚會時，可以嘗試以下做法。

記下彼此交談中，有多少是在抱怨？從自己到別人，從孩子到家庭，身體、工作、物價波動、無能的政府……等等。

等聚會結束，各自返家之後再問自己：「今晚一大堆牢騷中，有哪些是有益的？」、「誰真正能幫助今晚我們說的那一堆問題？」然後，再下一次，你又想抱怨時，想想那些無意義的談話，你將有所警惕。

抱怨就像挖洞，給別人挖洞，自己也有可能掉進去，還不如省下體力，用在補破洞上。

詩人馬雅・安潔羅（Maya Angelou）有句廣為流傳的智慧哲言：「如果不喜歡一件事，就改變那件事，如果無法改變，就改變自己的態度，不要抱怨。」與其抱怨，還不如找出辦法；消極抱怨無濟於事，積極溝通才是正道，與大家共勉。

# 澆花代替除草

我們每個人內在都有一座花園，在這座花園裡，有怒氣的種子，也有愛與慈善的種子。如果你澆灌的是愛，便生出愛的花朵；如果你澆灌心中怨恨的種子，怨恨的雜草便會滋長茁壯。

如果你是個易怒的人，那是因為憤怒的種子長期得到灌溉，你應該找到慈善的種子，每天澆水。

你對身邊的人也一樣，不要對負面的種子澆水，找出他們有什麼正面的言行，每天灌溉，這座花園才會越來越美麗。

最近重讀了《你的桶子有多滿》，對書中提到的「水桶理論」很有同感，作者舉了一個朋友的例子：

她原本對自己的婚姻很不滿意，幾個星期來一直想辦法要改變丈夫。她抱怨丈夫很少陪她，丈夫立刻為自己辯護。於是她又提起其他讓她不滿意的地方，希望他能改善，導致兩人之間的問題越來越嚴重。

顯然妻子說出對丈夫的失望根本無濟於事，她領悟到這一點，決定嘗試一個實驗：她開始注意他的優點和讓她喜歡的地方。這樣做有效嗎？她自己也有點懷疑，但反正試試看也沒什麼損失。幾天後，她先生回到家時，心情明顯變好，兩人的互動也增加了。然後丈夫的關注與體貼漸漸裝滿她的水桶，正如她採取較正面的態度後，也讓丈夫的水桶得到挹注。

但最出乎意料的是，她發現自己變快樂了，因為現在她的眼光專注在正面而不是負面的東西。這也使她在與人互動時，表現出正面的態度。幾個星期後，她與丈夫開始將這新發現的能量散播給朋友與同事。

就好像你在灌溉花朵，你有在注意它、灌溉它，那麼花朵便會綻放開來。如果你把焦點放在那些你不喜歡的行為上，只會引發人們更多相同的行為。想轉變這種情況，就要去稱讚那些你喜歡的行為。關心他們的個人成就，肯定他們，為他們辦個慶祝會，寫張道賀的字條。即便是小小的作為，也不吝予以讚美。當你告訴他們你喜歡、仰慕或欣賞他們某些地方，就是在幫那顆正面的種子澆灌；忽略那些你不喜歡的地方，即是讓負面的種子慢慢枯萎。

人們常犯的錯誤，是一直想指正別人的缺點，試圖拔光所有雜草，後來才發現「野草除不盡，春風吹又生」，即使你把這邊的草拔光，另一邊的草很快又長出來，永遠除不完。何不以種花代替除草，每次對方做了你喜歡的事就稱讚他，忽略那些你不喜歡的行為。

試想，如果有人告訴你他們喜歡你哪些地方，你會如何回應？你通常會更常做那些事，甚至連他們給你的其他建議，也都更能聽進去，對嗎？那你為什麼不這麼做呢？

# 別跟過去「過不去」

你是否看過小孩打針？不同小孩在打針之後，哭泣的時間長短都不同。有的小孩只哭一下，針打完，也就不哭了；有的小孩在打完針後，依然哭得死去活來，不管大人怎麼安撫都沒有用。

其實，在針打完的那一刻，就已經不痛了，但小孩仍停留在針扎進屁股的那一剎那；我們不也經常如此？

只要回顧一下你的過去，就會明白。你到現在依然記得小時候傷害過你的人，可能是你的父母、伴侶、親友、表叔、大嬸說了打擊你的話，讓你耿耿於懷，每次提及那個人做過的事、對你的傷害，你都悲憤不已，怎麼安撫都沒有用。

大家都知道只要忘掉痛苦、記住快樂，人生就可以幸福，但多數人卻反其道而行。人很容易忘掉快樂的事，痛苦的事卻牢記一輩子。

有時候，我懷疑人不是真的想要快樂？這很奇怪，人們緊抓著他們的傷痛、緊抓著他們的怨恨、緊抓著所有的痛苦不放。

假如你把過去緊抓不放，就會一再去經歷它。你一直回憶悲傷的事，就會再度感到悲傷；如果幾年前你被某個人侮辱，今天你想起那個事件，就會再次感到傷心、氣憤、沮喪，就好像再度被侮辱了一樣。

有次，跟一位八十歲的老太太閒話家常，話題轉到兒時的回憶，她想起自己從小被人欺壓的事，竟然還難過地掉下淚來。她覺得自己是受害者，沒人性後母的受害者，生命的受害者。她從沒想過，她也是一再傷害自己的人。

所有情緒都會消逝，心碎的痛苦也會隨時間淡去，就像傷口慢慢會癒合一樣。但如果你不斷去撥弄，每撥弄一次就痛一次，痛了幾十年的傷口還沒癒合，該怪誰？

你說，過去某人如何傷害你、折磨你，但現在又是誰在傷害你、折磨你？是你自己，對嗎？

人們總是說：「沒辦法，我忘不了！」沒錯，人無法抹掉記憶，但卻可以不去回憶。記憶存在的價值在於我們能從中得到啟示，而不是一直放在心裡掛念。人應有同情心而不要渴求被同情，需要別人同情是很悲慘可憐的。

現在請用紙筆，把所有纏擾你的往事都記下來。寫完以後，你先問自己：「我還要執著於這傷痛嗎？」、「這有什麼好處嗎？」、「我還要浪費另一天、另一個月，甚至一輩子的時間，讓自己繼續留在過往的痛苦嗎？」

痛苦是必然的，人生誰能躲過？但要不要繼續折磨受苦，卻是可以選擇的。；你可以選擇不讓它成為終身的折磨。

有一個故事：

一個男人去看病，對醫生說：「醫生，每次我把手臂舉起來，就痛得不得了！」醫生對他說：「那就別把手臂舉起來！」

你那隻「不願意放下」的手臂是不是很痛？那就放下吧！

你到底還要花多少時間，才能說出：「我不要再留戀痛苦，我不要再受苦了！」你到底還要受多少苦，才能做出這個決定？

你昨天、或上週，或多年以前所經歷的事，現在都已經消逝，除了在你心裡，就像針已經打完，怎麼會到現在還一直在痛呢？

# 要有「大不了回到原點」的豁達觀

有兩位博士後研究員，他們一起應徵某校教職，結果一個通過，另一個沒過。沒通過初審的那位雖有點失望，但隔幾天就好了。而那位通過的人就不同了，他滿心期待，後來在得知複審沒有過時，好一陣子心情都難以平復。

為什麼？原因就出在「得失心」。就像有些人得知獲獎、被錄用、職位升遷、買賣成交，或是擁有一段戀情、一筆意外之財時非常快樂，而失去時，也就非常痛苦。大家很少靜下來想：在沒得到之前，日子不也過得好好的？為什麼失去之後，就變得痛苦不堪？

曾看過一個電視綜藝節目，裡面邀請現場觀眾玩遊戲。眼見這位觀眾節節過關，勝利在望，獎金就要到手了，沒想到一個疏忽，竟失去得獎的機會。現場的觀眾都替她扼腕。主持人問這位觀眾會不會難過，她聳聳肩說：「不會啦！反正我來的時候也是兩手空空。」

這就是我想傳達的。面對得失，要有「大不了回到原點」的豁達觀！

我認識一個婆婆對媳婦很失望，每次提到媳婦，就滿腹牢騷。

有天，她突然想開了，說：「反正我就當作沒這個媳婦！」

當她這麼想，心情就舒坦多了。

有位女明星曾因失去感情而難以自拔，後來她想通了，她發覺自己沒有失去什麼，只是回到原來的自己。

近年來經濟成長下降，油電雙漲、企業裁員、年金改革……，社會上彌漫著一股沉重的不安，大家對未來都感到茫然。然而，仔細想想，苦日子又不是今天才有，以前也曾有過，為何我們如此不安？每個人的財富都是從無到有，最糟還不是回到跟以前一樣，何必患得患失？

說一則故事：

有個老人清貧了一輩子，卻一直樂天知命，日子過得很愜意。有天，他經過一家彩券行，突然心血來潮，從口袋裡掏出五十元買了一張彩券，不料竟讓他中了頭獎。

老人一夕致富，從沒住過好地方的他，第一件事就是買棟豪宅！

幾個月過去，有天，老人在外與朋友泡茶聊天，突然有人慌張地跑過來，跟他說：「不好啦！你家失火了！你快點回去

38

看看！」

老人匆匆趕回去，果真豪宅已被火海吞沒。圍觀的人看到這樣的景象，都不免感到惋惜。有個鄰居跟老人說：「老先生，你真是沒有享福的命呀！好不容易中了大獎，一下子卻化為烏有，真是損失慘重呀！」

沒想到，老人聽到他的話，非但沒有難過，居然還笑了起來。那人以為老人受到太大打擊發瘋了，詫異地問：「你家都被燒掉，怎麼還笑得出來？」

「你說我『損失慘重』，實在很好笑！」老人說：「充其量，我也不過損失了買彩券的五十元呀！」

音樂家魯賓斯坦曾因為失去所有而萬念俱灰，後來他自殺不成，反而醒悟到：「為什麼我要結束生命？」本來人出生時就是一無所有：；沒有金錢，沒有女友，也沒有職位，什麼都沒

好悲傷的？

有。而再次失去這些，大不了也只是「回到原點」，又有什麼

# 看見自己的幸運

一位學生騎機車摔倒，膝韌帶撞斷，大腿還縫了十幾針。

到急診室探望他時，讓人訝異的是，他不但沒怨自己倒楣，還

直說：「我真幸運，還好沒撞到頭！」

他的話，讓我想起多年前的一段往事。我與幾位朋友出遊，

結果朋友的車為了閃避迎面而來的卡車，不慎滑落水溝四腳朝

天，不但假期泡湯，幾個人身上還掛了彩。

真衰！大家唉聲嘆氣。有人罵那個橫衝直撞的司機，有人

則怨嘆流年不利，敗興而歸。

另一個安靜在一旁的朋友發了話。

「嘆什麼氣呀？沒聽過小災避大難嗎？不過是受點皮肉傷，

已經很幸運了。」他接著揚起聲調說：「要往好處想，我真幸運，我真幸運！

他說第二遍我真幸運時，一個字、一個字地加重語氣，結果幾個朋友也點頭露出微笑。

從此，我學會遇到任何遭遇，都先說出：「我真幸運！」然後再從中找出有什麼好事。

遭朋友背叛，我不再氣急敗壞，「我真幸運，能看清對方是怎樣的人。」

體檢出現紅字，「我真幸運！能提早發現自己身體哪裡有問題。」

遇到主管或同事刁難，「我真幸運，遇到不斷出難題、訓練我成長的主管（同事）。」

車子被撞凹，「我真幸運！還好不是人被撞。」

簡單的一句話，就能讓我立刻「轉念」，進而改變我看待

事情的角度，心情也隨之樂觀開朗起來。

印度哲人古儒吉說得好：「你唯一必須記得的是，你有多麼的幸福！當你忘記這一點，就會變得不幸。」一點都沒錯！

也許你嫌父母煩，但有人父母已不在，連被煩的機會都沒有；

也許你沒有漂亮的鞋子，但有人連腳都沒有。

當你為工作不如意時，想想沒有工作的人。

當你對逝去的感情絕望時，想想一個從沒愛過或被愛的人。

當你為臉上的雀斑和青春痘煩惱時，想想那些臉部燒傷的人。

當你抱怨養兒育女太辛勞時，去想想那些不孕的人。

當你為了病痛而自憐時，去看看醫院裡的重症和癌末病人。

當你身體衰老、臉上布滿皺紋時，要心懷感恩，因為有些人根本沒機會去經歷這些。

你已經夠幸運了，不是嗎？

與其抱怨造物者在玫瑰花上附了尖刺，不如感謝造物者在尖刺上添了玫瑰。

## PART2 生活可以用心，但不必多心

不要活在別人眼裡，死在別人嘴裡。

不管你在什麼地方，同樣的你，有人將你抬高，有人把你貶低。

所以，不要管別人怎麼看，關鍵是自己怎麼看自己。

# 三個應有的「正確」想法

同學生日或朋友生病，遇到困難或低潮的時候，寫張卡片、小紙條，或用一些鼓勵的話來關心他們，有時比送禮更情深意長。

昨天在翻書時，從書中掉落一張小卡片，讓我想起多年前，剛到學校教書時的一段往事。一位教心理學的朋友見我有點「水土不服」，就送我這張卡片，他說：「試試看，或許對你有幫助！」

這張小卡片上，一面寫著「讓你困擾的想法」，接著列出三個人們極易陷入的「錯誤」想法：

一、我一定要讓每個人都喜歡我！

二、我絕不能犯錯！

三、一切都要照我的意思！

另一面則寫著「幫助你有效管理的想法」，接著又列出三個應有的「正確」想法：

一、沒人喜歡我，我一樣可以活得很好！

二、我本來就不可能十全十美！

三、別人也有他自己的做法！

每次翻閱小卡片，都覺得很受用。朋友後來告訴我，這張卡片其實是他參加亞伯‧艾理斯（Albert Ellis，理性情緒治療理論的創始人）的訓練課程時，工作坊規定學員每天都必須將這張小卡片放在口袋裡，隨時提醒自己。

接觸過心理學的人，對艾理斯博士著名的「ABC理論」應該都不陌生。A指事件的起因，B為個人的解釋和想法，C是事件的結果。相同的A可能導致不同的C，關鍵就在B。

我將這個理論運用在自己遇到的人事物上，發覺我們的想法，對行為及情緒的影響真的十分深遠。我們會要求十全十美、否定自己或別人，其實就是因為一開始「自己設立了標準」來評判人。但這標準是怎麼來的？合不合理？在這個標準背後的信念正不正確？卻很少人去思考。

有兩戶人家，彼此是鄰居。雙方的父親都早出晚歸，經常加班應酬，往往要到半夜才回家。到了家裡，孩子多半都已經睡著。

對於這種情形，李太太經常在孩子面前抱怨：「唉！每當你們需要父親時，他永遠不在身旁，就只知道工作賺錢，對家

48

一點責任感都沒有。」這些孩子長大後只記得，他是位「不負責任的父親」。

林太太對子女說的話就相當不同，她說：「孩子們，你們有一個最顧家的父親。為了這個家，他每天辛苦從早忙到晚。你們要好好用功，報答他！」這些孩子未來將充滿感激，因為他是位「顧家的父親」。

這兩位父親的情況類似，然而評價卻大不同，原因出在哪裡？

是詮釋事情的人不同，對嗎？相同的A可能導致不同的C，關鍵就在B。下回當你不快樂時，別忘了提醒自己「關鍵的」三個正確想法。

# 我現在在想什麼？

你曾經這樣過嗎？有時你心情不錯，然後想到某件事，突然沮喪起來；有時你很沮喪，但想到某件事，心情又突然好起來。

當你心情好的時候，感覺好像凡事都順心，一切都美好；當心情不好的時候，就糟了，你會覺得諸事不順，好像每個人都跟你作對。

為什麼會這樣？原因就出在你的想法。

回想一下，上次你心情不好是什麼原因？或你為什麼如此生氣、沮喪、厭煩？一定是先有了負面想法，對不對？如果沒

有憤怒的想法，就不可能覺得生氣；若沒有厭惡的想法，就不可能感到厭煩。

可能覺得沮喪；沒有消沉的想法，就不可能覺得生氣；若沒有消沉的想法，就不

釋。比方說，你父母連打幾通電話給你，提醒你別太晚回家。

每一個情緒都是從想法開始的，其他的都只是你個人的解

此時如果你想：「他們很關心你。」就會覺得窩心。反之，如

果你想：「真囉嗦，老是管東管西！」就會覺得厭煩。

家人有事沒告訴你，如果你想：「根本就不尊重我！」你

的怒氣就會升起；如果你想：「他們可能怕我擔心！」氣就會

消去大半。

所以，人們常說：「我會生氣是因為那個人……。」、「我

心情不好是因為他做了……。」這說法是不對的，你的情緒並

非來自事件，而是來自你的想法。

引述奧理略大帝的話：「假如你因某些事物而痛苦，其實

並不是那些事物在煩擾你，而是你對它的想法在令你苦痛，唯有你自己才能棄絕它們。」

情緒的英文是 Emotion，即是 energy in motion 的意思，也就是「運動中的能量」。那是什麼能量在運動呢？是「思想」；是我們腦中來來去去的念頭和想法。

我們常覺得心情捉摸不定，那是因為我們的想法無時無刻不在變化，隨著思想的活動，情緒也跟著波動。然而，由於我們無時無刻不在思想，也經常都是「這樣想」，太習慣了，以至於沒有發覺，原來不好的心情都是自己「想出來的」。

那該怎麼辦？每當我發現自己心情不好時，就會問自己：「我現在在想什麼？」情緒原本不是問題，它來來去去，就跟天上的浮雲一樣，並不會造成什麼傷害。真正的問題在於，伴

隨著低落情緒而來的想法。若我們不去滋養這些想法，情緒自然就會消逝。然而，當我們不斷去想，就等於是給情緒的怪物添加燃料，接下來只會越演越烈。

我建議大家拿一張名片紙，用大而明顯的字寫上：「我現在在想什麼？」然後，不管到哪去都帶著這張卡片。最好每隔幾分鐘就問（或看）一次，這個方法能幫助你意識到負面的想法。

坦白說，我偶爾還是會有一些負面的想法浮現，但我知道「是我此刻的想法，讓我不快樂」，有了這點醒悟，就擺脫了自己不自覺中對那些想法的認同。

一旦拋開了負面的想法，就等於拋開負面的情緒，以及那些想法所帶來的負面影響。如此一來，心情必定開始好轉，心情越好，就越不會有負面想法，就算有負面想法浮現，也較能

一笑置之。你將發現，當我們不被自己的想法束縛時，人生是多麼美好！

# 我能百分之百確定這是真的嗎？

如果你接到一通不出聲就掛斷的電話，你會怎麼想？

是不是有人惡作劇？

是不是怕我接到？

該不會是壞人？

難道是鬼……

猜想只會生出更多猜想，懷疑只會生出更多懷疑。我們的頭腦很擅長「編造劇情」，只要我們心裡產生一個想法，我們很容易就會相信它。因為相信，我們就認定它是事實，而當我們越去想，往往就越想越像。

在一個偏僻的村莊，一條羊腸小道上，有根筆直的電線桿。

說也奇怪，常常有人在那出事。

有次，一對年輕男女不小心騎車撞到，當場斃命。一天晚上，五歲的小志和他媽媽在回家路上經過那兒，小志突然說：

「媽媽，電線桿上有兩個人。」

媽媽牽著他的手，快速走開說：「小孩子不要亂說話！」

但這件事很快就傳開了。有一天，一個記者來採訪小志，要他帶他去看發生車禍的地方。小志大大方方地領他走到那裡，

記者問：「人在哪？」

小志指指上面，記者抬頭一看，電線桿上掛著個牌子，上面寫著：交通安全，人人有責（有兩個人）。

這笑話情節一再發生在真實生活裡，就像電視連續劇的情節，人們總是無中生有，把生命情境從簡單變複雜。

你剛好路過，看到幾個人突然大笑，就猜疑人家是在笑你；

男友送一盒化妝品當生日禮物，妳就懷疑對方是不是嫌妳老？幾通電話沒接，妳又開始胡思亂想，覺得他是故意不回，或跟誰在一起鬼混⋯⋯。接下來，你會開始尋找種種蛛絲馬跡來證明，即使對方已表明事實並非如此，你還是會認為：「有！你就是這樣！」

事實上，單一認知都是狹隘且不完整的，就像瞎子摸象，只摸到象鼻的，認為象是長管狀的，而摸到象身的，卻堅信大象是一座牆。畢竟，彼此都沒看到「整頭大象」，不是嗎？

想讓事情回歸單純的方法，就是先釐清這是「想像」，還是「真相」。

請你想想幾個不斷在你腦中出現的「劇情」，也就是你對某件事為何發生或為何沒發生所做的假設，並提出疑問：「我能百分之百確定這是真的嗎？」

「每次約他都說沒空，因為他根本不喜歡我。」

反問自己：「我能百分之百確定這是真的嗎？」

「他對我好，都是有目的的。」

反問自己：「我能百分之百確定這是真的嗎？」

「不出聲就掛斷電話，是不是有小三？還是有鬼？」

反問自己：「我能百分之百確定這是真的嗎？」

做完這個練習，你會發現，你所想的事，許多都是未經查證的憑空想像。你要做的，就是時時提醒自己：「不要輕易相信任何你所想的。」把那些你原本堅持的「事情就是這樣」，改成「這只是我的看法」。

別再疑神疑鬼，卻從不懷疑自己！

58

# 放下「不曉得別人怎麼看待你」的疑惑

怎樣才能不在乎別人的眼光和想法呢？

有個學生說，自己是標準的雙魚座，多愁善感，情緒化，很在意別人眼光，雖然這些個性長大後，漸漸有些改變，但始終很困擾的一點是，太在意別人怎麼看待自己，偶爾聽聞有人不喜歡自己哪些地方，或是對自己不滿之類的，就會陷入無止盡的悲觀思考……。這該怎麼辦？

年輕時，我也很在意別人的看法，後來到醫院服務，看到很多病人面對病痛的無助和死亡，我突然開竅了！人生短暫，我要做我想做的，並且過快樂的生活。如果常常去在意別人的想法，又如何讓自己過得快樂呢？

我的方法是，讓自己先跳脫出來，當個「第三者」。如果事情並不嚴重，就表示自己太敏感了；如果很嚴重，就自我檢討與修正。在處事上，則盡量讓自己不要去想「人」的問題，只專心在「事」上面，這樣內心就不會受到干擾。

有句話說：「不要活在別人眼裡，死在別人嘴裡。」不管你在什麼地方，都有人將你抬高，有人把你貶低。所以，不要管別人怎麼看，關鍵是自己怎麼看自己。

美國做過一個有趣的實驗，透過這個實驗，或許可以提供我們很多省思。

這個實驗叫「傷痕實驗」，目的是觀察陌生人對身體有缺陷的人的反應，尤其是對臉部疤痕的反應。參與實驗的人被帶進沒有鏡子的房間，由專業化妝師在實驗者臉上畫一道可怕的疤痕。畫完以後，拿鏡子給實驗者看，並告訴他們，為了使疤

60

痕效果持久，必須塗抹「維持膠」來保持疤痕，但事實上，化妝師是趁機把疤痕抹掉。

接著，毫不知情的實驗者被派往各醫院的候診室，他們的任務是觀察人們對其臉部傷痕的反應。

等規定的時間到了，返回的實驗者竟無一例外地敘述了相同的感受：人們對他們比以往粗魯無理、不友好，而且總是盯著他們的臉看！

然而，實際上，他們的臉與往常並無二致。他們之所以得出那樣的結論，是因為錯誤的自我認知影響了他們的判斷。

可見，別人會怎麼看待你，最終還是取決於你。

你到皮膚科和整型外科去看，有人為了一點點的斑、疤痕或缺損而感到自卑，但在骨科和燒傷中心，有人即使四肢不全，全身傷痕累累，一樣活得自信開朗。這世界是一面鏡子，別人

只是你心靈狀況的投射。別人怎麼看待你，不是你的問題，而是他們自己的問題；你怎麼看待自己，才是你真正的課題。

想想看，如果你怕別人不友善，你的表情就會顯現出你心中的害怕和防備，而別人也會跟著不友善，不是嗎？

在金曲獎頒獎典禮上，有位女歌星被問道：「走紅毯時，妳會緊張嗎？」

她說：「肯定會緊張，但是一穿上漂亮的禮服，我一定要告訴自己，我是最美麗的。以前我也會在意別人的看法，總會擔心別人不喜歡自己的穿著，站在紅毯上羞怯，別人一眼就能看出你不自在。反過來，你自信地秀出自己的優點，大家會完全看不出你的缺點。」

沒錯，別人會以你看待自己的方式看待你。

# 做好你自己的事

春節大掃除，分配家事給孩子做。沒想到工作不久，就聽到姐弟倆在爭吵。弟弟說姐姐沒把書本歸位，手提袋亂擺；姐姐立刻反擊說，弟弟把她的東西弄得亂七八糟，而且地板根本沒掃乾淨。

我的回應是：「只要做好你自己的事。」

也就是說，只要負責分配好的工作。比方說，姐姐的責任是擦桌椅，弟弟是擦地板，只要做好自己的本分，不要去管其他人；這也是我常送給畢業生的話。

就像世界麵包冠軍吳寶春盡全力把麵包做好，連店面都有人主動提供給他；臺裔設計師吳季剛只是做最好的自己，從縫

製娃娃到時裝設計，連美國總統夫人都找他設計禮服；再如，想把球打好的林書豪，他不刻意去想贏球或輸球，只是做好自己的本分，即發揮最大的天分。

有句話說得好：「真正的天分，是天天都做好自己的本分。」

所以，當有人問我：「要怎樣才能得到更好的工作或職位？」我的回答很簡單：「做好你自己的事。」想得到更好的職位，就得把現在的工作做得更好。

尤其是上班初期，上司常會分配一些瑣碎的事，甚至是別人推過來的雜事等等，千萬別跟人比較或計較，只要做好自己的本分，並從中學習，這樣才有擔負更重要職務的機會，就算遇到一些小人，也能立於不敗之地。

最近接到一個擔任部門主管的讀者來信，他說了許多員工

管理和責任歸屬的問題，最後他問：「我該怎麼做？」我的回覆也一樣：「做好你自己的事。」公司管理首要是分工與合作，就像一個人的眼耳鼻舌口各司其職，也就是分工；每個人都善盡職責，即是一種合作。

也曾有位虔誠的教徒問我：「在職場上，要怎麼弘揚教義？」我給的回答還是一樣：「做好自己的工作。」這就是對教義最好的見證，不是嗎？

我們過去常常宣揚見義勇為、熱心助人的美德。例如，交通警察幫助老人家過馬路，這當然是好事，但這也會有一些問題。交通警察應該是要負責轄區內交通狀況維持、事故處理、違規告發、特勤動線安全維護……等等。並不是說，各人自掃門前雪，莫管他人瓦上霜。從責任的觀點出發，把自己的事情做完之後，適時地援助需要幫忙的人，是「熱心助人」；但若

是把自己該做的事情擱置下來，那就「本末倒置」了。

在醫院常見到一些上了年紀的病人愁眉不展，他們怕自己會拖累子女，而子女們也常因兼顧工作、家庭、孩子和父母，而疲累不堪。每當看到這種情景，我都會想起母親的話：「人們常說要怎麼盡孝，怎麼關愛子女。其實，我覺得父母能為子女做的，就是照顧好自己，讓子女沒有後顧之憂，這就是對他們最好的關愛；而做子女的也一樣，最重要的是照顧好自己的子女、工作和家庭，讓父母放心、開心，就是盡孝。」

如果每個人都做好自己的事、照顧好自己，就是照顧好我們所關心的人，不是嗎？

話說有位弟子問師父：「你鼓勵大家要愛自己，那別人怎麼辦？」

「也愛自己啊！」

「如果每個人都自掃門前雪，那這個世界不是變得一片雜

亂？」

「不，」師父說：「如果每個人都把自己的腳邊掃乾淨，

全世界就變乾淨了。」

一點都沒錯！

# 停止堅持「他應該」

你是不是經常預期別人會符合自己的期待呢？

許多人會生氣，只因為別人對他們有什麼期待，這樣你不是永別人可能根本不知道你對他們有什麼期待，這樣你不是永遠氣不完嗎？

在這裡，有一個讓你免於生氣的好辦法。首先，來做一個練習。

回想一下誰老是惹你生氣，接著在紙上寫下一個句子：

「○○○（這個人的姓名）應該……。」

不要光用腦子想，要真的在紙上寫下來，同時描述得越具體越好。

這個練習的道理在於：我們腦海裡對別人的負面評價，即是負面情緒的由來。而你寫下來的句子，描述了別人應該怎麼做才對，這是你所深信的判斷。比如說，小明念書要認真一點、婷婷應該多體諒我、阿強應該記得我交代的事……等等。

當你認為，孩子成績應該名列前茅、伴侶應該了解我的需要、同事應該把工作做好、朋友應該記得我的生日……，而結果不是這樣呢？你一定會覺得挫折、失望，或者惱怒，對嗎？

你在等人，本來沒什麼，但當你想到：「他應該準時、應該尊重我的時間。」你的怒氣就會升起；你做某件事，本來做得好好的，然後你想到：「這是別人該做的事。」你心裡又會開始不舒服，對嗎？

這些年，只要我嘴巴或腦海裡出現「他應該」這三個字，我就會立刻提醒自己：「不要期待別人！」

老實說，最近我又犯了。我一直是個講求效率的人，最討厭別人做事拖拖拉拉。幾天前，我要求助理把會議資料準備好，週末前放到我桌上。結果到了週末，我並沒看到「該有」的東西，顯然她沒有「如期完成」，我心裡有點不悅。後來，我進一步想，那真的是最後期限嗎？還是我訂的要求？在這樣的過程中，我又一次發現，那期限只是我的期待，是我劃地自限。

我並不是要你放棄原則；人一定要堅持自己的原則。我說的是放下期待，這與放棄原則是兩回事。你的原則是你自己該謹守的，並不代表別人也要遵守。當你為別人的錯誤而生氣時，你想過嗎？這一大堆「原則」是誰定的？不是你自己嗎？

不要對別人有期待，你就不會讓別人的言行影響自己的情緒。當你看到別人沒做到該做的事，你不會生氣，因為你不期待他做或不做任何事；當你沒得到你想得到的，你不會生氣，

因為你不期待他為你做或不做任何事。

有位哲學家說得好：「快樂的祕訣在於『停止堅持自己的主張』。」你可以要求自己，但不能期待別人，只要看透這一點，就沒什麼好生氣了。

# 讓他做自己

這世上的人有一個共通點，就是每個人都不一樣。然而，每個人的問題也在這裡：想讓別人跟自己一樣。

有位讀者寫信來說，她嫁給一位很有才能的先生，但麻煩的是，先生一直想往外跑，而她喜歡待在家裡，每次都為了這問題鬧得不愉快，該怎麼改變他呢？

「或許妳應該改變的是自己，」我建議她：「如果把兩個人綁在一起，為什麼不成全他？」

還有一位讀者的問題是，她和男友的宗教信仰不同，他們常為這個問題起爭端，她擔心是否能和他共走一生？

我的回答是，問題不在你們「能否接受對方的信仰」，而

72

是「能否接受對方的一切」，這才是關鍵。畢竟有很多「信仰

相同」的人，感情也未必都美滿，不是嗎？

羅馬帝國皇帝查理五世對於宗教非常熱忱，為了讓屬下和

他信仰相同的宗教，曾採用高壓手段，然而，屬下們卻寧願犧

牲生命，也不願改變信仰，這讓他非常疑惑。

查理五世下臺後，雖然不再接觸政治，卻依然有控制欲。

他在家中裝了十二座鐘，並把每個鐘的時間調成一模一樣，

想看看十二座鐘一起報時的感覺。結果，每座時鐘響起的時間

依然有秒差。查理五世感嘆地說：「我連讓時鐘在同一個時間

報時的願望都不能實現，卻想讓大家跟我信仰同樣的宗教，真

是太蠢了！」

　　人總是試著改變別人，總以為只要某個人改變了，就能過

著美滿快樂的生活。如果你也這麼認為，那我想你將很難快樂，因為你的做法正是一切不快樂的根源。

你曾聽過有人成功把每個人都變成他想要的樣子嗎？那是很難的。想想，這麼多年來，你一直試著要改變的那個人，有變成你想要的樣子嗎？

沒有吧！

美國總統林肯改變了美國歷史，改變了黑人的命運，但對他的妻子卻一點辦法也沒有；哲學家蘇格拉底不知改變了多少人的觀點，卻也無法改變自己的妻子。

有位朋友說，她父親已近八十歲了，老媽還是常數落老爸積習難改。父母的相處模式讓她有所警惕，於是一輩子用盡力氣在改變別人，可到頭來，只是讓自己感到挫敗，而且把關係變得更糟。

我們很少去尊重別人本來的樣子，每個人之所以變成今天

74

這個樣子，是他們活了幾十年的結果，怎麼能不尊重呢？我們

都希望能做自己，為什麼別人就不能做自己？

讓他做自己吧！別再抱怨他做了什麼，讓你不快樂。其實，

只要你不把快樂寄望在他身上，不期待他會改變，那你現在就

是快樂的，不是嗎？

# 把「必須去」改成「想去」

經過一天的工作，回到家，小劉覺得筋疲力竭。原本說好要陪太太購物，也就作罷。後來電話鈴聲響起，原來是朋友約他吃飯。高興地掛上電話後，小劉剎那間忘記一天的疲勞，帶著興奮愉快的心情前往赴約。

這是怎麼回事？是什麼原因讓他有一八〇度的轉變？

答案是心態的轉變。陪太太購物是「必須去」，而跟朋友聚餐則是「想去」，兩者完全不同。「必須去」是一種負擔，而「想去」則是主動且樂意的。

我們常看到有人做事無精打采、拖拖拉拉，做得心不甘情

76

不願，那都是因為「必須去」——因為已經答應別人，不得不去；因為已經繳費，不得不去參加；因為要養家活口，不得不工作；因為女友要求，不得不陪她……。有了這種想法，即使快樂的事也變成痛苦的負擔。

就像今天你去爬山、游泳，你會感到快樂。如果你是被懲罰，必須爬完某座山或游泳十圈呢？同樣是爬山、游泳，你卻很不高興。不是出於意願做的事，就不會快樂。

我們都不喜歡人們為我們做事時，擺出無奈的臉孔，或是心裡這麼覺得。想想看，如果你朋友來為你慶生，卻說：「我必須來，否則你會認為我不夠朋友！」你聽了感覺如何？

同樣的情形，你的父母辛苦賺錢，讓你補習、學才藝，如果你的學習態度是，意興闌珊、要做不做，他們又會有什麼感受？

要如何讓自己變得有意願，最重要就是「為自己做」。

我們做每件事，之所以快樂或痛苦；是享受或負擔，關鍵都在這裡。你認真學習是為自己；你爬山游泳是為自己；你努力打拚也是為自己。只要看清你做某件事，不是因為別人要你去做，而是你自己想去做，感受立刻就會不同。

有個老司機，開了大半輩子的卡車，幾乎跑遍全國各個角落。一天，他要指導一名新來的年輕司機。老人起初讓這個年輕人自己開車，年輕人駕駛著大卡車，在馬路上跑了三個小時，最後筋疲力竭，請老司機替換。

這位老司機接手後，駕駛七、八個小時，仍然精神十足地邊握方向盤，邊哼著歌。年輕人很納悶，問老人為什麼開那麼久的車，卻一點也不累。

老司機反問他：「你早上離家時，都是怎麼說的？」

年輕人回答：「我跟老婆說再見，說我必須去工作了。」

老司機說：「你的問題就出在這裡。」

「這有什麼不對嗎？」

老司機笑說：「我早上離家時，也跟妻子道別，但我不是告訴她我必須去工作，我說，我想開車出去兜風。」

你看，只要把心態轉換一下，把「必須去」改成「想去」：

我想去幫助更多人、我想學更多知識、我想把家人照顧好、我想讓房子窗明几淨……，感覺是不是完全不同？

記住，絕不要做你不想做的事。如果那件事真的非做不可，就試著把它變成你想做的事吧！

# 練習耐心術

　　現代人越來越不願等待。我們總想要得到結果與滿足，而且立刻就要！科技提供我們按鈕的生活，只要按一下，就可以聽音樂、洗衣服、開車、看喜歡的節目，也能提款，幫我們付賬單。網際網路的興起更將人們的「不耐煩」強化到極致。許多人有一種按鈕的心態，比方說，十天可以減肥、英語速成、三十歲前賺進一桶金；預期一切都在彈指之間。

　　缺乏耐心的人與事比比皆是，很多人使用微波爐還嫌太慢；上網速度稍慢便覺得不耐；電梯門一開便強先進入，無視於有人正要出去；只要排隊等候或是交通阻塞，馬上就變得焦躁易怒。

我自己也常感到不耐煩——飢腸轆轆的時候，抱怨餐館上菜太慢；邊起動車子，邊催促還在準備的太太；常在對方話沒說完就急著表達。這樣有壞處嗎？是的，許多職場的問題，即是出於沒耐性。上司咄咄逼人要求業績，急躁的主管不願花時間聆聽別人的想法或解決問題，對屬下長期造成壓力。

當我們不耐煩時，很容易表現粗魯。記得有次在問診時，遇到一個病人說話很慢，而且答非所問，我眼見後面還排了許多病人，不耐煩地嘆了口氣。聽到我的嘆氣聲，病人滿臉歉意地說抱歉。

事後我感到後悔，不耐煩讓我失去該有的禮貌和寬容。同樣的情況也發生在家裡，最常見的是，一家人原本快快樂樂地出門，卻因為太太或孩子拖拖拉拉，我的臉就繃了起來。結果可想而知，立刻烏雲罩頂。

更糟的是，自己做了最錯誤的示範。特別是還在學習的孩子，他們正逐步建構自己的行為模式，會把看到、聽到的照單全收。就像幾天前，我開車載孩子出門，在一處紅綠燈前等了許久。總算綠燈轉亮，前面車子卻沒有馬上開動。兒子對我說：「老爸，你為什麼不按個喇叭叫他們快走？」孩子會模仿、會複製，從他們身上，我們很容易看見自己的真實模樣。

我們常常批判小孩子缺乏耐心，卻忽略了自己也有同樣的毛病。小孩子沒有耐心是天性，因為耐心要靠後天培養，而培養耐心，首先需要大人的耐心。

我決定要變得更有耐心，想出各種辦法讓自己從等待的焦慮中平靜下來。像是看書、打電話、欣賞風景、調整呼吸，每當遇到一些不耐煩的人事物，我就趁機把他們當作練習耐心的對象。我不敢說這些辦法讓我成為有耐心的楷模，但確實幫助

82

我消除生活中的一些不耐。

做事有效率是好事，但不耐煩卻是不必要的，甚至還會壞事。想想看，你曾經因為不耐煩而得到什麼好處嗎？

想得到任何成果也一樣，我們不會在秋天播種，春天就收成，凡事皆有其時機和步調。印度聖者拉馬克里希那（Ramakrishna）提醒我們：「外殼尚青綠時，若想打開那硬殼，那幾乎不可能辦到；但外殼一旦成熟，只需輕敲，它就應聲而開了。」

許多年輕人才開始做一些事就問：「我這樣努力何時會得到成果？」

我說：「你現在才剛發芽，就已經在問何時開花？蝴蝶何時會來？」

美好事物需要一些時間慢慢到來，然而很多人卻太早、太快就放棄了；你要學會耐心等候。

# PART 3 低頭有勇氣，抬頭有志氣

只問得到什麼，不問失去什麼。

即使感情到頭來是一場空，也空得很充實；

縱然人生是白忙一場，也忙得很快樂；

就算沒得到最終想要的結果，也從中得到人生的智慧。

# 做一個最好的自己

世界是個美麗的大花園，花園裡有千百萬朵花，不管你是什麼花都不重要，重要的是，做一個最好的自己。

也許你是一朵玫瑰，也許你是杜鵑，也許你是牆邊的野薑花。每朵花的形狀不同、顏色不同，花開的時節不同，需要的肥料、水分、氣候也不相同。既然是不相同的，就不應該比較或是跟隨別人，應該根據自己的特色來成長開花。

一個人的存在價值，不在於變成什麼，而在於花朵有沒有開。「我書讀得不好，但我很會畫畫。」那就去發展自己畫圖的天分；「我的動作很慢，可是我很仔細。」那就從細心這項才能去發掘；「我沒有很高的學歷，但我很有創意。」那就好

86

好發揮創意，努力讓它開花。

我發覺有些人不快樂，是因為無法肯定自己，不知道自己的優點在哪裡，他們通常只會想到自己的缺點而自卑。美國蓋洛普公司出了一本暢銷書《現下，發掘你的優勢》。蓋洛普的研究人員發現，大部分人在成長過程中，都試著「改變自己的缺點，希望把缺點變為優點」，但他們卻碰到更多的困難和痛苦；而少數最快樂、最成功的人的祕訣是，「加強自己的優點，並管理自己的缺點」。

正如魚善泳而鳥善飛，每個人天生就具有不同的天賦和才能，你必須找出自己的。方法很簡單，只要回顧過去的生活中，有哪些事情讓你樂在其中？曾做過什麼事情讓你渾然忘我，甚至在眾人都不為所動時，你仍然陶醉其中？有嗎？

如果想不出來的話，就想想你最感興趣的是什麼？最擅長

的是什麼？是運動、唱歌、人緣好，還是工作能力很強……。

不管你擅長的是什麼，這就是你的優勢。

那些有傑出成就的人，就是因為他們知道把精力放在自己最擅長的地方；同樣的，許多人會失敗，不是因為能力差、努力不夠，而是不懂得發揮所長。

做最好的自己，也不一定是要出什麼「名」，當什麼「家」，更不需要跟人比高低、比大小。就像人的手指，各有各的用途，各有各的美麗，你不能說大拇指比小拇指好吧？

不論大花、小花，開花的喜悅是一樣的。一個歌手在舞臺上開花；一個家庭主婦在她的家裡開花；一個技工在他工作的地方開花。美國赫赫有名的鋼鐵大王安德魯・卡內基，十二歲時從蘇格蘭移居美國，在一家紡織廠當工人。他的目標是「做全工廠最出色的工人」。因為他經常這樣想，也這樣做，最後

88

真的實現了自己的目標。後來，他當郵遞員，心裡也想要做「全美最傑出的郵遞員」。最後，他的目標也實現了。安德魯・卡內基根據自己所處的環境和地位，塑造出最佳的自己，他的座右銘就是：做一個最好的自己！

只要讓自己今天比昨天好，明天比今天做得更好，天天都在做最好的自己，生命的花朵自然會綻放出光采和芬芳。

# 如果你不害怕，你會怎麼做？

幾個月前，有個長輩打電話給我，問我是否有時間跟他的兒子亞倫在電話裡談一談？因為公司想調他兒子到澳洲服務，機會非常難得，而且又符合他的背景、經歷與才能，薪水與津貼都不錯，但亞倫害怕離開現有的工作，希望聽聽我的意見。

「要給什麼意見？」我對他的工作並不了解，於是我在電話中問他：「亞倫，我問你一個問題，如果你不害怕，你會接受這份工作嗎？」

他回答：「嗯，我想會吧！」

「那為什麼不給自己機會呢？」我說：「害怕是很正常的，如果我是你，我也會害怕。但你不能讓害怕來決定你的人生。」

未來充滿恐懼，但也希望無窮，你不去試試怎麼知道？

人都喜歡穩定，對於突如其來的變化，往往會抗拒、逃避，不願去面對。但如果因此裹足不前，人生就不可能開闊。

當然，一開始要適應並不是件簡單的事。當年我出國讀書，人交往，最糟的狀況是什麼？了不起就是他們不理我罷了！但也是過了幾個月才打開心胸，開始與人互動。我心想：和陌生如果我連嘗試的勇氣都沒有，就連起碼的機會都放棄了！

於是我問自己：如果把害怕拿掉，我是否會邁開腳步？答案是肯定的。此後，我開始主動結交外國朋友。這麼做滿恐怖的，可是勇氣就是這麼訓練出來的。我很清楚自己這不是不會說英語，只是害怕而已。

以前在課堂上或聆聽演講時，我常想提出疑問或發表見解，卻因為自己太害羞，而卻步不前。

Part3
低頭有勇氣，抬頭有志氣

我實在不想再這樣下去，於是我又問自己：「這樣受制於羞怯，什麼問題都不敢問，會拓展我的生活，還是處處受制於它？」、「要是我不害羞，我會怎麼做？」答案很明顯，我會站起來，說出心裡想說的話。結果就像哲學家愛默生說的，當

你去做自己害怕的事，害怕就會消失。

我想到恐懼（terrified）和美妙（terrific）這兩個字，其實是從同一個字根衍生出來的，它們只有一線之隔。過去，我被焦慮和恐懼壓得喘不過氣，而現在，我竟可以把壓在心裡的話說出來，甚至對大家侃侃而談；這種感覺真的很美妙！

人無法逃離自己的恐懼，不管你如何抗爭、躲避都沒用。你要躲去哪裡？不管你去到哪裡，你都會帶著自己，同時你的恐懼也會跟著你，不是嗎？

有個人，他非常害怕看到自己的影子，每天都生活在恐懼

92

中，所以他決定要躲開它。於是他站起來開始跑，但不論他跑

到哪裡，影子都跟到哪裡；他跑得越快，影子也追得越快，直

到最後，他整個人都累垮了。

他不了解，只要他走進陰影，他的影子就會消失。反之，

就必須一生一世躲著它。

所以，如果你擁有一個很好的機會，不要讓害怕成為阻礙，

問問自己：「最壞的情況是什麼？我可以接受嗎？」、「如果

我不害怕，我會抓住這個機會嗎？」如果兩者的答案都是肯定

的，那就去做吧！

你儘管害怕，還是要繼續向前，這就是勇氣！

# 找一些值得效法的模範

教育家與心理學家多年來證實，學習的最佳方法是扮演我們欣賞的人。

我探索過無數成功人士的故事，在在告訴我：成功絕非偶然。也許不同領域的成功人士各有其目標和策略，但如果你進一步了解，就會發現，無論他們是高材生、傑出人士、企業領袖，還是明星，都有一些相同的特質。想獲得成功，最好的做法，就是仔細觀察那些成功者，研究出他們奉行的準則，然後身體力行！

從你欣賞的同學、同事、老闆、老師，或從媒體、書本和

文章中讀到的知名人士，或你目標領域中有傑出成就的人當中，找出幾位做你的模範。仔細解析他們成功的原因，看看你是否欣賞他們的某種想法，相信那就是他們的致勝關鍵？他們在處理問題或人際關係時，是否展現出某種態度？當然，你也可以直接仿效他們。

有人家庭美滿，你可以效法他們的相處之道，並運用到自己的家庭；有人樂觀積極，你可以學習他們的態度；當你面對某種挑戰而不知所措時，你也可以學習他們，問自己：「如果換做他，他會如何應付呢？」

羅斯福在當總統的時候，凡是碰到猶豫不決的問題，就會望著掛在白宮辦公室牆上的林肯肖像自問：「如果林肯處於目前的情況，會如何解決這個問題？」

也許你會覺得好笑，但他認為這是幫助他解決困難最有效

的辦法。因為以林肯這位局外人的角度來看事情，不但客觀、超然，更重要的是，林肯總統的歷練、成熟與智慧也值得效法。

我有位朋友就運用了這項技巧，在遇到公司的決策問題時，就問：「假如是總經理，他會如何決定？」遇到投資問題，就問金融鉅子巴菲特：「假如是巴菲特，他會如何處置？」

若是涉及情緒或情感上的問題，他就在心裡問一位他景仰的智者：「在這種情況下，師父會怎麼做？」

這招果然神奇，不僅幫他解決許多煩惱，更讓他在混亂時刻保持平靜。

巴菲特說過，如果知道一個人的榜樣是誰，就能判斷那個人未來會如何。因為他景仰的榜樣所具備的特質，就是他可以學到的習慣與行為。

為自己找一些值得效法的模範吧！只要你能學好那個人的思考、感受及行為，那麼遲早你會成為像他那樣的人。

# 表現出「你已經是」的樣子

我們每個人都各自扮演某個角色，然後逐漸相信自己就是那個角色。

拿破崙是法國著名的軍事家，他曾說：「兵士穿上兵士的制服，就變成兵士，將軍穿上將軍的制服，就變成將軍。」所謂的制服並非指制服本身，而是「角色」之意。就像當人落魄潦倒時，看起來就一副喪家敗犬的樣子；而有人成了明星，只是造型服裝一變，就展露出巨星的風采。

十七歲時，就打扮得像專業導演，穿西裝、提著皮箱在環球影城奔走的史蒂芬・史匹柏，現在已是電影界呼風喚雨的人物。流行歌手瑪丹娜的朋友，在她的傳記電視節目中說過，打

從一出道，瑪丹娜就表現出宛如巨星的架勢。她沒有一刻不是在扮演「成功藝人」的角色，就連朋友幫她梳頭髮的時候，她都「幻想」自己的頭髮是由專業美髮師打理，而她即將上場演出。

扮演，就是要表現出「彷彿我是」（as if）的樣子。如果你心裡感到害怕，就扮演一個勇敢的人；如果你覺得自己沒有魅力，就扮演一個受人歡迎的人；如果你很內向、悲觀，就扮演一個很外向、樂觀的人。最後，你自然會變成一個勇敢、有魅力、樂觀外向的人了。

有位化妝品公司的總裁，在接受記者採訪時，說了一段不為人知的過去。

她跟先生離婚後，每天無精打采、沮喪不安，總覺得抬不起頭。帶著三個小孩，不知何去何從？漸漸的，身體也常覺不

適，甚至找精神醫生治療，最後連醫生都懶得理，朋友也受不了她……。在走投無路的情況下，她下定決心，只要一出門，必定帶著一張快樂的臉，無論是假裝的也好，真心的也罷，就是要開開心心地出門。

沒想到，不僅工作績效大有進步，連身體也不藥而癒。所以她建議大家在出門前「丟開你的問題，笑一個！」不要愁眉苦臉。

常有人抱怨讀書枯燥、工作厭煩、人生無趣，但你總是一副意興闌珊的樣子，難道跟你的表現一點關係都沒有嗎？

打起精神！從現在開始，拿出熱誠的態度，讓你走起路來、說起話來、行動起來都充滿熱情；讓周遭每一個人都覺得你熱情洋溢。來，深吸口氣，抬頭挺胸，展露你的笑容，很快你就會發現一切都大為改觀！

如果你對某人或某事已沒有興趣、沒有那個心，很難表現

出熱誠，那該怎麼辦？那就先假裝吧！

「假裝」對某人、工作或讀書感興趣，這樣往往會使你的

興趣變成真的。這種心理技巧有點像魔法棒，只要反覆練習，

它就會變成你潛意識的一部分，不久後，你就不必再假裝，因

為你已經是那樣的人。

# 按照你希望的方向思考

你是否也有類似經驗？怕被老師或老闆點到，他們卻偏偏點到你；不想遇到某個人，卻偏偏遇到他；你擔心比賽或表演受影響，你不斷想著：「千萬不要在這時候感冒，千萬別出狀況！」沒想到就真的發生了。

你想什麼想得最頻繁，就會得到什麼。根據「吸引力法則」，在你心裡最強的念頭，將會被吸引到你的生活裡，轉化為事實。

如果你老是擔心比賽失常，那你比賽就很可能會失常。

如果你總懷疑身體有問題，身體很可能就會出問題；

如果你常想著不要變胖，那你很可能會變胖；

你越想避免，就越難避免。一個球員如果心裡擔心會輸，自然無法有最好的表現，結果失分連連也就不足為奇了。當心裡掛記著上一個失分，而無法專心打下一球時，就又丟了一分。

於是，他開始擔心：「萬一再打不好怎麼辦？那就完了！」結果他又答對了！

美國資深飛行教練柏尼梅也有相同經驗，他說：「教導新飛行員最困難的地方是，要他們在短而危險的跑道上降落時，只專心注視跑道安全的地方，而不看危險之處。人的天性是定睛在想要避免的障礙和危險上，但經驗告訴我們，飛行員若一直注意危險的地方，遲早就會撞上去！」

這道理很簡單，你想避免，就會去關注；你關注的，就是你最常想的；而你最常想什麼，就會得到什麼。

所以，我一再提醒大家，遇到挫敗時，不要把注意力放在

「做錯了什麼」，而要放在「做什麼才對」；不要擔心怎麼「避免失敗」，而要想「怎樣成功」。

生病或不快樂的人，不要老把焦點放在問題上。與其成天想著「哪裡不舒服」，不如想「怎麼讓自己快活」；與其擔心「日子難過」，不如現在就「及時行樂」。

總之，要把注意力放在「你想要」，而不是「你不要」的事物上。一個人需要覺知到自己心智的創造力，不要去想任何「不希望」的事物。

有位高爾夫球員，擊球時總會將球打入水池，所以每次打球，他就不斷修正角度，避免球又落入水池。但打出去的球，還是掉入水池。教練告訴他：「球既然那麼喜歡水池，就讓它去吧！」

他終於領悟，他越想讓球遠離水池，球就越容易掉進水池；不如「按照自己希望的方向思考」，然後朝球道的正中央打去，

球反而不會落入水池。

　　了解了嗎？這就是為什麼心理學家常說，要往好的方向想，要學習正面思考。你不可能老是想一些不好的事，卻又期待得到好的結果，不是嗎？

# 記住，這是你的選擇

生命充滿了選擇。你可以選擇悲慘或是堅強；可以選擇寬恕，也可以選擇怨恨；可以選擇歡笑，也可以選擇愁眉苦臉。

你的生命是什麼樣子、你所處的狀態是什麼，都是因為你選擇了要那個樣子。

同樣是下雨天，有人咒罵到處泥濘，也有人享受雨天的情調。活在同樣的世界裡，樂觀的人總能及時享受陽光，悲觀的人卻時時擔心下雨。你選擇什麼樣的想法，就有怎樣的人生。

有位朋友榮升，大家都向他道賀，他卻因為擔心新職務可能帶來的壓力而苦惱，他說：「我沒得選擇。」

106

我很訝異他會這麼說。在人生中，每個人都是自由的，我們從來不會沒有選擇，從來不會！即使「放棄」也是一種選擇！

以這位朋友為例，會讓他苦惱的並不是他選擇接受什麼職位、做什麼決定，而是他選擇了苦惱。因為同樣的狀況，有人並不會苦惱，甚至還覺得開心，不是嗎？

下雨天不會使人苦惱，苦惱的是人自己。如果你因為快要下雨而苦惱，那是你告訴自己要苦惱。當然，這並不是說，你應該自欺欺人說根本不會下雨，或是強顏歡笑說下雨天真舒服。

而是你可以問自己：「為什麼我要苦惱？這能幫助我更有效地應付這件事嗎？」

午後的一場大雨，在地面形成一窪窪的小水坑。有個太太帶著兩個年幼的孩子，小心翼翼地避開人行道上的積水。沒想到一輛急駛而過的計程車，濺起一片水花，將三人潑了一身溼。

母親非常懊惱，旁邊的大兒子卻興奮地對媽媽說：「遇水則發，我們要發了。」另一個較年幼的孩子也高興地說：「對啊！有人澆水在我們身上，我們要發芽了。」

正在生氣的母親聽到這樣可愛的童言稚語，也不禁莞爾一笑，三人就快快樂樂地踩著積水回家去了。

失意時，你總是愁眉苦臉。你有沒有想過？你可以選擇另一種表情。

被攻擊時，你總是以憤怒來回應。你試過嗎？你可以選擇另一種回應。

挫敗時，你總是陷入痛苦悲慘。你想過嗎？你可以選擇不同的態度。

如果你能專心思索自己當下的選擇，就不會老是抱怨生活變成這副模樣。一旦了解真正問題是出在自己身上，你便會明

白：「我沒有理由責怪別人，我了解自己為什麼會這麼沮喪、不痛快；為什麼經常被惹火？以前我總抱怨別人，現在我懂了，這都是我的選擇。」

哲人卡斯特納達說得對：「我們不是讓自己活得悲慘，就是讓自己活得堅強，兩者所花的力氣是一樣的。」聰明的你，知道該怎麼選擇吧！

# 隨時保持歸零思考

「如果人生能夠重來，我會……」

常聽到許多成功人士和病人說，假如能夠重來，我希望多陪孩子和家人、我再也不會忙於工作、我會更注意身體……；也聽過很多人追悔：「早知當初，我就……」

可惜人生僅此一遭，並不會因為我們扼腕、感嘆而重新來過，所以別忘了「隨時保持歸零思考」。

什麼是歸零？就是回到原點思考問題。問自己：

如果時間可以倒流，我最想做的是什麼？

如果人生可以重新來過，我的選擇（或決定）會不同嗎？

如果能夠回到一開始，我會怎麼做？

在人生的每一個階段，我們都應該重新歸零。不論是工作、成績、健康、財富、情感、生活、家庭、人際關係等等，只要是覺得徬徨、猶豫的時刻；只要遇到挫折、混亂的關卡；只要不知道下一步該怎麼走，就應該重新歸零。

如果你猶豫自己是否要繼續待在這個行業，就問自己：「如果可以重新來過，我會選擇這個行業嗎？」假如你還是會從事現在的工作，那麼恭喜你，因為你正從事你喜愛的工作。

在交友上，你可以問自己：「如果可以重新選擇朋友，我會跟誰交往？」、「如果可以重新開始，我還會跟他（她）在一起嗎？」這可以幫你了解，誰才是值得交往的對象。

在成績上，你要問自己：「如果讓我重考一次，我會怎麼用功？怎麼準備？」然後照著去做，你的成績就會不斷進步。

在生活和各種人際關係上，你問自己：「如果我早知今天

這種結果，而且能夠重頭來過，我會怎麼做？」、「如果我明天要做同樣的事情，我要怎麼做？」

「歸零」是結束，也是開始。比方說，一個失敗的人，他可以回顧自己慘痛的經歷，自暴自棄，但他也可以將「那一天」當成生命全新的開始，就此重生。

歸零也可以幫助我們公正客觀地看事情。比方說，在選用新進人員，或為員工打考績時，我會問自己：「如果沒有個人喜好或其他關係，我會怎麼給分？」、「假如我現在要重新僱用員工，哪些人是應該被開除的？哪些人我會保留？」

歸零還可以幫我們檢視人生。我們每天都很忙碌、很努力，但你是否曾靜下來想過，人生的意義？你努力是為了什麼？你的努力有達到這個目地嗎？

人生就像一趟旅行，不要光顧著往前衝。每到一個地方，

112

就要停下來看一看，這是我要去的地方嗎？前面還有路可走嗎？路是越走越好，還是越走崎嶇呢？一路上有沒有注意到周遭的風景？是否遺忘了什麼？

有時，驀然回首，你會感到驚訝自己怎麼走到這一步？

所以，別忘了隨時保持歸零思考，就像電腦出問題時，通常重新啟動就能恢復正常。我們也應該隨時回到開始，再重新出發！

# 只問得到什麼，不問失去什麼

人要改變很難，因為每個改變都會讓人失去某些東西，除非你能從中發現得到什麼。比方說，你想改變飲食習慣，不再吃炸的東西或喝飲料，對你來說可能失去了享受美食的樂趣，但跟你得到的相比較，這些損失根本就不算什麼。以後，你再也不會有腸胃脹氣和胃灼熱的問題，血脂下降，體態也越來越美，更不必擔心癌症上身。

再舉個例子。你想要每天早上晨跑半小時，這意味著你每天得少睡半小時，除非你想著晨跑的好處，像是晨跑讓你一整天都充滿活力和創意；一早出門當大家還一臉睡意，你已經神采奕奕。不然恐怕無以為繼。

能改變的人和其他人的不同之處在於：成功者只問得到什麼，不問失去什麼。

最近，有個學生把論文投稿某個頂尖的期刊，而收到的評論讓她簡直無地自容。她受到了嚴厲的批評，這不僅傷了她的自尊，也讓她失去自信。時間一天天過去，但她一直提不起勇氣再看那些評論，更別說修改論文了。

「那些評論沒讓妳得到任何東西嗎？」聽了我的提問，她一時沒反應過來。

「世界不會在意你的自尊，人們看的只有你的成就。在你沒有成就以前，切勿過分強調自尊。」接著我引用比爾‧蓋茲給年輕人的警言，並勸她改變自己的心態。「其實，這些批評並非針對妳個人。他們的職責本來就是要挑出各種可能的疏失，而妳的職責就是從批評中學習，讓妳的論文更好。」於是她開

始著手修改，最後對方也欣然接受。她告訴我：「以後我不會在意他們怎麼批評，因為那是他們的本分，而我要做的就是做好自己的本分。」

這就對了！盡多少本分，就能得多少本事。記得有位哲人說，任何學習，都不如一個人受到屈辱時學得迅速、深刻、持久。所以，對你好的人是在「幫你成功」；折磨你的人則是在「逼你成功」。只要你能在磨難中看到事物積極的一面。

我認識一位學者，出生不久父親即離家出走，歷經坎坷，也曾陷入自怨自憐的束縛。「還好後來我改變了心態，」他說：「我想我不能一直抓著生命的傷痛，應該去看這個痛所帶來的禮物。這時我才發現，原來在我生命裡，不是只有父親從小棄我而去的傷痛而已！在我失去父親關愛的同時，我的母親一直任勞任怨地扶養我，我得到比別人更多的母愛。」

因為他的一席話，讓我意識到原來自己也接收到不少「禮物」。從小在大家庭長大，常要看人臉色，這讓我比一般人更善於察言觀色；親友的不公不義，讓我更重視公平正義；在求學過程遇到許多挫敗，讓我更懂得體諒和引導學習受挫的學生……。

正所謂「有失才有得」，沒有迷失，就不會有覺悟；沒有失敗，就不會成功；沒有失戀，就不會知道愛情的滋味；沒有失去，就不會懂得擁有的可貴。

你害怕改變？擔心自尊受挫？還是走不出內心的傷痛？試試看，「只問得到什麼，不問失去什麼。」把心態改變一下，你會發現一切都不同——即使感情到頭來是一場空，也空得很充實；縱然人生白忙一場，也忙得很快樂；就算沒得到最終想要的結果，也從中得到人生的智慧。

# 這可能有什麼好處？

「我姐姐的運氣真好！」一個小男孩對另一個說。

「為什麼？」

「昨晚她參加一個派對，在派對上他們玩一個遊戲，輸了的男孩必須吻一個女孩，或是罰一盒巧克力糖。」

「那你姐姐運氣有多好？」

「她帶回三十盒巧克力糖！」

凡事都有正反兩面，雖有不幸或糟糕的一面，但也有好的一面。有一則大家熟知的故事：

兩個賣鞋子的人一起去非洲考察。去到那裡，看到所有人都打赤腳，其中一個愁眉苦臉地說：「糟了，這裡的人都不穿

鞋，肯定沒有生意！」另一個卻開心地說：「太好了，這裡的人個個赤腳，賣鞋子的生意大有可為！」

是山窮水盡，還是柳暗花明又一村的契機與希望呢？其實，重點不在事情的好壞，而在於我們能不能看到事物光明和積極的一面。

人生不可能凡事都一帆風順，每個人在前進的路途上都會遭遇無數問題，甚至跌倒在地。想在困境中保持心情平和，有一個簡便而有效的竅門。我曾試過許多辦法，令人慚愧的是，我自己也常失敗，幸好我遇見一個找到快樂之道的人，他叫科恩博士，在學校裡很多人稱他「快樂博士」。他有一個很精簡的方式，把負面的事情轉成正面。

「每當發生問題時，問自己：『這可能有什麼好處？』」科恩博士建議：「不管你相信與否，至少想想這問題可能有什

麼價值。要是真的什麼都沒有，那就用這問題來磨練自己的心性，像是耐心、信心、謙虛，以及同情心……等等。

「這可能有什麼好處？」每當我這麼問，就很容易從逆境中看到光亮，面對挫折時，也能找到自我激勵的力量，同時用樂觀積極的心態找到另一條路；這真的是打開快樂捷徑的鑰匙。

幾天前，一位學弟跑來問我，他跟部門主管鬧翻了，辦公室裡的同事像見鬼似的，對他避之唯恐不及，他覺得非常沮喪。

我能幫什麼？於是，我要他試著想，在這麼不愉快的情況下，有什麼正面的訊息？這可能有什麼好處？

「這怎麼可能有什麼好處？」一開始他有點不以為然地說：

「沒有！」然而，心知這樣的想法無濟於事，所以他勉強擠出兩種可能：「我終於知道哪些人很現實。」還有「沒人理我，

日子比較清閒。」

「這不是很好嗎？」我說：「現在你看出誰才是真正的朋友。以前你不是常抱怨公司某些人難相處，現在正好替你解決掉這些困擾。另外，你還多出不少時間，可以做自己的事。恭喜你！」

所有負面的事，都有解決的辦法。你只要轉換新的想法，就能讓每件事變成好的經驗。一切扭轉的開端就在：「我該如何看到事情好的一面？如何讓逆境轉為順境？」這問題的答案會賦予你新的選擇，帶來全新的視野！

當生命遞給你酸溜溜的檸檬，你只要加點糖，就變成好喝的檸檬汁，不是嗎？

# PART4 放飛心情，放空自己

我們一直以同樣的劇本、同樣的模式，在演同樣人生，
直到有一天你學會用新的方式、新的態度，在過相同的日子時，
就可以瞬間改寫劇本，過著全新的生命。

# 這個人是在教我什麼？

假日陪兒子去打棒球，可能是太久沒練習，一連幾球都是暴投，害他頻頻撿球，其中有一球還丟到他身上。我覺得很懊惱，自己怎麼這麼遜，同時也一直跟兒子說抱歉，但他完全沒生氣，還說沒關係，再多丟幾球也許就順手了。

我感到很慚愧，想到他以前把球丟偏時，常被我數落，更別說是丟到我身上了，我想我絕對會不高興，少不了念他幾句。

孩子教了我什麼？我想，就是對人無心之過的寬容吧！

人生就像一所學校，我們的老師不只會出現在課堂、或深山的某個茅屋裡，對象也不一定是長輩、師長，可以是同學或晚輩。正所謂學無止境，活到老學到老！

124

孔老夫子說：「三人行，必有我師焉，擇其善者而從之，其不善者而改之。」每個人都有值得我們學習的地方，當看到別人的優點，就要虛心學習；看到不善的地方，則要當作借鑑，改掉自己的缺點。

我每次與人發生不愉快，特別是被激怒的時候，就問自己：

「這個人是在教我什麼？」

比方說，請人幫忙，對方卻漫不經心。如果我想：「要做不做的，真看不慣……」心裡就很不舒服。但我深深吸一口氣，再問自己：「這個人是在教我什麼？」他在教我耐心、包容，教我凡事要靠自己。

有人無理取鬧，說些不負責任的話，我就問自己：「這個人是在教我什麼？」他是在教我沉默，教我不必把別人的話放在心上。

某人說一套，做一套，陽奉陰違。「這個人是在教我什麼？」

他教我看清事實真相，教我做人要誠信。

黎巴嫩詩人紀伯倫說：「我從饒舌者那兒學會了沉默；從偏狹者那兒學會寬容；從殘忍者那兒學會仁慈。對這些老師，我理當充滿感激。」

只要我把每個人當成老師，就比較不會因為別人的言行，而感到挫折、煩惱或生氣，看待事情也會變得更寬容和慈善。

在佛教的傳統裡，修行者常會提醒自己，佛陀無處不在；許多基督徒也看見耶穌或上帝的聖靈，在所有的存在中閃耀。

只要記得這個道理，我們便可在凡夫俗子中發現智慧的老師。

面對在門診與病房陪伴的家屬們，從他們焦急無助的眼神裡，我看到人生的真實、殘酷、愛恨情仇與悲歡離合，於是我學會更珍惜生命，更體諒所愛的人。

看著醫院的護士們，被袖手旁觀的家屬呼來喚去，被心情不好的病人罵來吼去，還要「忍辱負重」地幫無法行動的病人把屎把尿，但在家屬千恩萬謝醫術高超的醫生後，卻遺忘了她們。於是我學會給默默付出的人多一點尊重，多一分感恩和掌聲。

有位醫院的志工說得好：「常有人問我：『你是吃飽太閒嗎？沒人要做的工作你搶著做還那麼開心？』的確，我是傻傻地做，而且很開心，一做就是十幾年，因為我服務的病人都是我的老師；每個人生故事都教導我更謙卑、更感恩、更惜福。」

我完全同意。當學生準備好時，老師便無所不在。

在你生活中，是否有某個讓你不滿、厭惡，或讓你覺得很累贅的人？那人有沒有可能是來教你什麼的？想想看，除非你先掃除心中的不滿和厭惡，否則你永遠不可能學會。

# 問自己：「如果是愛，我會怎麼做？」

有人說，愛是不講道理的。這句話聽來似乎沒道理，卻很真實。只要回想上一次你與另一半鬧得不愉快的情況，或是看別人夫妻怎麼爭吵，你就會很清楚，吵架是因為有太多道理。

你自認有理，對方也有自己的道理，於是就起了衝突。有對的一方，就有錯的一方，為了分出軒輊，架就這麼吵起來了。

我認識一對夫妻，兩人常為了誰該洗碗而爭論不休。丈夫認為老婆不體諒，「我每天出去工作那麼累，怎麼回來還要洗碗，真是不講理！」

「你才不講理呢！我帶兩個小孩，每天從早忙到晚，你就

不能體貼點嗎？」妻子也忿忿不平。

雙方都認為自己有理，因此每餐飯後，兩人就把髒碗盤往水槽裡一擱，隔天的碗盤繼續堆上去。直到夫妻之中有人受不了了，憤怒地洗完所有碗盤，然後再對對方發飆。

這真的很奇怪，當我們談到愛，多數人都願意為對方付出一切；願意賺錢養家、帶小孩，甚至連器官都可以捐給對方。

但一講起理來，卻連六親都不認。為什麼？

因為愛是講情，而不講理的。你可以對一個粗心的太太說一堆大道理，或是對一個懶散的先生念一整個晚上，但他們還是依然故我，對嗎？

有位同事告訴我她的經驗：「遇到爭理的時候，我就跟我先生撒嬌說：『我們之間只講情，不講理，好嗎？』」後來她發現，真的，夫妻間很少再爭吵。

還有一回到朋友家，他和太太正為某些問題爭鋒相對，我

個人覺得朋友比較有理，但不知怎麼，當太太一翻臉，朋友馬上兵敗如山倒。

事後，我好奇地問他：「你怎麼不據理力爭？」

他反問我：「爭贏了又怎樣？」

是啊！就算贏了對方，卻輸掉了感情，那又有什麼意思？

所以，每當有人問我關於愛的問題，我就會建議他們問自己：「如果是愛，我會怎麼做？如果是愛，我會怎麼決定？如果是愛，我會怎麼處置？」只要回到愛裡面，正確的答案就會自動顯示出來。

以前面的例子來說，這對夫妻最終找到了答案──兩人都學會以「感情為重」。有天太太工作忙得焦頭爛額，先生回來時看到家裡一團糟，正想發脾氣時，想起我告訴他的話，於是問自己：「如果是愛，我會怎麼做？」他知道答案了，於是開

始把家清理乾淨；他選擇做講情而非講理的人。

而太太在用完餐後，也想起：「如果是愛，我會怎麼做？」

因此不但主動把碗盤洗乾淨，還問先生要不要喝杯咖啡。

這就對了！假設你發現對方執著於某個問題，而你不喜歡

這一點，你認為他會放掉那個執著嗎？不，絕對不會！你去爭

吵只會讓他更執著。你必須為對方找到愛，在所有關係發生問

題時，就算明明是對方的問題，你也必須「以感情為重」；問

自己一個問題，那就是：此刻愛能做些什麼？

# 只要支持，不要指責

一位太太開先生的車出門，在巷口與對向來車擦撞，車子掛彩，心裡又氣又急，沮喪萬分，更擔心先生的反應。

如果你是先生，你會怎麼說？

有的先生心疼愛車，一味指責：「妳怎麼不小心點？」、「妳這個人就是這樣粗心大意！」甚至連陳年舊帳都翻出來念。

假如，做先生的換個說法：「人有沒有怎麼樣？只要平安就好！」、「好啦，別再想了，我請客給妳壓壓驚。」這樣太太必然非常感動！

《論語》說：「成事不說，逐事不諫，既往不咎。」已經做完或做過的事，就不必再責怪了。已經過去了，就不要再放

132

在心上，不必再追究。

本來，人非聖賢，熟能無過。你想指責別人的某個地方，請明白，那也是你最能支持他們的地方。

有個月明之夜，老禪師出來巡視，走過後院的小樹林，看到一個小木凳擱在牆角下。禪師明白，一定又有哪個小和尚溜出去玩了。

禪師不動聲色地搬走椅子，自己背對著牆，蹲了下來。春寒料峭，尤其是子夜時分，更加寒冷徹骨，禪師依然悄無聲息地蹲在那裡，一動不動。

過了兩個時辰，牆外傳來一陣攀爬的聲響，禪師知道小和尚回來了，更把背用力挺了挺。

翻牆而過的小和尚憑記憶在原來放小木凳的位置踩下，等他藉著禪師的背落到地面時，才發現他剛剛踩的不是木凳，而

是平時嚴厲的禪師。

嚇得面如土色的小和尚瑟縮在一邊，等待禪師雷霆大怒地訓斥。

沒想到禪師站起來，只是拍了拍小和尚衣上的塵土，語氣輕柔地講：「小心著涼，下次出去衣服多穿點。」

小和尚剎那間淚流滿面，從此之後，寺裡再也沒有小和尚偷跑到外面去玩的事情發生了。

當你想指責的時候，記住，那也是你最能挺他們的時候。

想想看，如果老師對學生說：「你太差了，我不想教。」那老師到底是做什麼的？如果醫生對病人說：「你毛病太多，我無法幫你。」那醫生到底是做什麼的？

當你的伴侶、兄弟姐妹、孩子、朋友做對的時候，任何人都會接受他們，但當他們犯錯，不被接受的時候，你是怎麼做

134

的？如果你無法支持他們，那你和別人又有什麼差別？

有一個登山隊伍，路過一處很高的陡坡，其中有兩個女孩爬得十分吃力，大夥在上頭指指點點，這時，領隊放下背包，對女孩說：「妳們踩在我的肩膀，跳上去。」等女孩順利爬上，領隊對其他人說：「碰到困難時，不是需要你的指點，而是支持。」

沒錯，當人犯錯的時候，就是他們最需要你相挺的時候。

# 接受，他就是那樣

辦公室來了一個新工友，做事非常「徹底」。不管做什麼事，她都喜歡一次搞定。例如，桌上有一個茶杯要洗，她就會把所有的茶杯都一起洗掉；地上有一點汙漬要擦，她就把整間地板都擦一遍。她說：「只要看到一點髒亂，我就不舒服！」、「既然要做，乾脆就全部做！」但是，她過分認真的表現，讓其他同事相形見絀。他們擔心主管會誤以為他們不夠努力，所以開始排擠她。

主管知悉後，便對大家說：「我知道你們很努力，而且非常負責，我都看見了，只是『她喜歡這樣做』，這是她的個性，她多做才會快樂，那就讓她快樂。她快樂，你快樂，大家都快樂，

不是很好嗎？」

人們常問，要怎麼與人和諧相處？

我的回答很簡單，只要順其本性，就是最好的相處之道。

有位朋友很氣他的上司，而他的怒氣讓他跟上司關係惡化，

「我快受不了了，你知道他有多吹毛求疵嗎？從沒見過那麼小心眼的人！」

我首先告訴他，他的怒氣是來自他自己。「沒錯，你的主管很小心眼，他很愛吹毛求疵，但他本來就是那樣的人，他只是依著他的本性做而已。」我要他反過來想：「你為什麼期待他有所不同呢？」

狗在吠很吵，但狗本性就是這樣，「為什麼牠不能叫？」

你只要了解、接受這個事實，牠的叫聲就不會影響到你。

我想起一位讀者，她寫信告訴我：「剛結婚時，我真的過得很痛苦。因為先生脾氣很大，做事一絲不苟。我每天都戰戰兢兢的，也常為此吵架，每次想到他，我心中就有許多委屈與憤怒。

「後來我想通了，我先生就是因為這種做事態度，才有今天的成就，而脾氣大也是求好心切，這就是他的個性啊！我為什麼要期望他不一樣？」

每個人都依照自己本性過日子，你也依照自己的本性過日子，這沒有什麼不對，沒有理由別人都要跟你相同，不是嗎？

人與人會產生對立、衝突，往往是因為我們用自己的標準來衡量、批評別人。這種情況在家庭尤其嚴重。夫妻常用自己的標準來評斷對方；父母親則用自己的標準來要求孩子；婆媳間更是如此，婆婆對媳婦有一長串的不滿，媳婦也舉出一大堆

婆婆的罪狀。彼此間總是一副隨時要開戰的樣子，動不動就說：

「你看，你就是這樣！」不然就是從期望變成絕望，「算了，再努力也沒用，乾脆大家一起擺爛！」

但是，你早知他是這樣的人，何以每每還是為對方的惡劣行徑感到驚訝？這麼多年都過去了，為什麼還期待對方會改變？

曾讀過一則故事，大意是：

有一對夫妻，因為事業上的需要，兩人經常一起到國外出差。但這個妻子很糊塗，總是忘東忘西，好幾次到了機場，才發現沒帶護照。最後兩人不是匆匆忙忙趕回去拿，就是錯過班機。結果都是一路吵到國外，甚至差點為了這事分手。

後來，他們再也不為這事吵架了。朋友感到很訝異，以為是妻子改掉了健忘的習慣，結果不是。這位丈夫笑著說：「她的糊塗一輩子都不會改，沒救了！是我『認了』，出國前乾脆

幫她把護照收好，問題就解決了！」

　接受，他就是那樣。那麼原本的問題，就不再是問題。當你不再期待，你的心就會平靜下來，這就是和諧相處之道。

# 生氣時，慢一點再反應

我自認個性開朗，很少生氣，可是，每次生氣，總會做出讓自己後悔的事，或是說出讓自己後悔的話。

每後悔一次，我就會暗自檢討一次，希望下次生氣的時候，不要做任何傷人的事或講傷人的話。但多次經驗下來，我發覺並不容易，因為人在生氣時，多半會失去理智；一旦沒了理智，言行和情緒便會失控。

有實驗證實，在生氣時，只要延遲一下自己的反應，大約一、兩個小時，氣自然就會消失不見。令人驚訝的是，有些事情在前一分鐘看起來很氣人，下一刻卻覺得沒那麼嚴重了；或是某些在氣頭上所做的判斷和處置，在氣消之後看來卻完全不

同。

我想起人際關係大師戴爾・卡內基的一則軼事。據說有個女人寫信去責罵他，因為他在電臺演講關於林肯的事，裡面提到的很多日期都錯了。

那個女人非常喜歡林肯，所以寫了一封語氣非常憤怒的信：

「如果你的資料不全，最好先將資料搜集好了再來演講。」

卡內基在當時已經非常有聲望，他看了很生氣，立刻以同樣語氣回了一封信，但因為時間太晚，傭人已經回家，他就把信留在桌上，想等隔天早上再寄。

到了早上，他正要把信放進信封時，再看了一次，又覺：

「自己說得有點太過火了。」而且，就某方面而言，她講得也有道理，於是他將那封信撕掉，重寫了一封完全不同的信。

在那封信裡並沒有憤怒，相反的，還感謝她使他覺知到某

142

些錯誤。然後，他又想：「如果在十二小時之內，能有這麼大的改變，那我何不再多等幾天，不必急著寄出這封信。」

於是，他做了一個實驗，再度將信留在桌上。到了晚上，他再度讀它，又更改了其中幾個字，如此到了第七天，它變成了一封情書。

封信被寄出，那麼事情會怎麼樣？他一定會多一個敵人。」

「那個女人其實是個很好的人，」卡內基描述：「她是他一生中最好的朋友之一。如果那天他的傭人還沒走，而原來那封信被寄出，那麼事情會怎麼樣？他一定會多一個敵人。」

人往往因為一時的壞脾氣，輕則失去好友，重則犯下終生後悔的錯誤。憤怒最激烈不過一分鐘，但那一分鐘裡你說出的話、做出的事，往往是用一輩子都彌補不回來的！

所以，請試著延緩怒氣，給自己一點時間沉澱。靈性導師葛吉夫曾有感而發，在他九歲時，病危的父親把他叫到床邊，

說：

「孩子，我沒什麼錢，所以沒有留下什麼財產給你，但是，我要把我父親留給我的一句話送給你，這句話你一定要牢記。」

父親用微弱的聲音說：「孩子，如果你生氣，不要立刻反應，要等二十四小時，二十四小時過後，你要怎麼說、怎麼做、怎麼反應都可以，但一定要等到二十四小時以後。」說完這句話，父親就走了。

葛吉夫把這句話深深烙印在心裡，每當有人打擊他、侮辱他、激怒他，他就回去靜心二十四小時。

他說：「在我一生中，憤怒從來沒有對我造成任何影響，因為我必須等待二十四小時，而二十四小時之後，我所生氣的事就會變得很愚蠢，有時候甚至發覺原來是自己錯了，這讓我心生警惕。所以我從來沒有因為生氣而樹立任何敵人，或者把原本的問題變得更複雜。」

144

你可以試試看，或許一開始並不容易，你可以先延緩十分鐘。最初的十分鐘是關鍵，一旦過了，你的氣就已消除大半。

下一次，試試延緩半小時，只要你能延緩發怒，就已經學會了控制。如此多加練習，直到能延緩到二十四小時之後。恭喜你！

你已經是心平氣和的人了。

# 專注呼吸

有時候，你會覺得焦躁不安，彷彿有一股莫名的恐懼向你襲來？

有時候，你會覺得義憤填膺，只要想起某件事就讓你難以釋懷？

放輕鬆，無論你正陷入怎樣的情境，都先把注意力移轉到呼吸。

調整你的呼吸，慢慢地吸氣，再慢慢地吐氣，讓節奏放慢下來，你的心情也會平靜下來。

你是否注意過？*情緒的改變會立刻表現在呼吸上。當你激*

146

動時，你以一種節奏呼吸；生氣時，用另一種節奏呼吸；愉悅時，又是另一種呼吸節奏。當你放鬆和緊張時，你的呼吸是完全不同的。你沒辦法用放鬆時候的呼吸來生氣。當你放鬆時候的呼吸來生氣，那是不可能的。

你可以試試看，當你生氣時，不要有任何反應，先深呼吸，放慢呼吸的節奏。這樣一來，你會發現生氣是很困難的。當你的呼吸節奏改變，憤怒便消失無蹤。

印度瑜伽中，有一個招式叫「坐禪」。只要靜靜地坐著，讓身心都安定下來，從呼吸開始，將呼吸的速度盡可能放慢，漸漸的，你會達到一個狀態，並突然意識到，隨著呼吸速度放慢，以及身體的靜止，煩亂的思緒也跟著沉靜下來。

平常你也可以利用呼吸來調整你的情緒，只要觀察你的呼吸是如何隨著你的情緒在改變，或是你的情緒是如何隨著你的呼吸在改變。當你焦躁不安時，注意觀察你呼吸的改變，然後，有一天，試著去改變你的呼吸，改變到如同你在焦躁不安時的

模式，你會驚訝地發現，恐懼立刻在你內心產生；而當你感到愉悅時，注意觀察你的呼吸，感受那個節奏，然後，有一天，只要你以同樣的模式呼吸，就能再度感受到內心的愉悅。

以下這個「輕鬆呼吸」的練習，你可以每天做。

一、把注意力放在你的呼吸上。

二、做三個深呼吸，感覺空氣充滿腹部、下背部，以及胸腔。呼與吸都要深而緩，但不要撐到極限。

三、吸氣時，體驗你呼吸的平靜；呼氣時，拋開所有的煩惱與不安。遺忘上一刻，拋開下一秒，讓你的心隨著呼吸律動，感覺肩膀、胸部、腹部，整個身體都放鬆下來。

禪定有一項根本原則，就是「看住」（Observation）。不論做什麼，如果心不在焉，沒有看住自己在做什麼，就不是禪。所以，我建議大家要專注呼吸，並一再地看住自己。當你把注意力完全集中在呼吸時，心也就平靜下來了。

# 讓世界來改變我

如果你對現狀不滿，那你有三種選擇：離開它、改變它、接受它。

你必須選擇其一，如果無法離開或改變，就必須接受。

小鎮上有個人，他少了一條腿，只能拄著拐杖走路。一天，他一跛一跛地走過鎮上的馬路，過往的人都同情地說：「你看這個可憐的傢伙，難道他要向上帝祈求再有一條腿嗎？」

那人聽到人們的竊竊私語，轉過身對他們說：「我不是要向上帝祈求再有一條腿，而是要祈求上帝幫助我，讓我失去一條腿後，還知道該如何把日子過下去。」

這就是接受。事實既然這樣，它就是這樣。我們要做的是

Part4 放飛心情，放空自己

去學習如何與現實共處，並在其中感到喜悅，而不是否定、抱怨或試圖改變。

這不是要大家假裝喜歡災難，或否定自己真實的感受；而是要學習轉化，藉由轉變觀點，學習臣服。這麼說好了，如果你想成為一個傑出的運動員，受訓是辛苦的，雖然很累，但你不會認為這是一種處罰。教練很可能令天獎勵你，明天卻給你嚴苛的要求或測驗。你會接受，甚至感謝，因為你將這視為整體訓練的一部分；我們的「人生遭遇」也是如此。

人們有時會抱怨：「為什麼日子那麼難熬？為什麼我有那麼多問題，這麼多痛苦？」答案是，你沒有從正確角度去看待事物。你不能說：「上天，請給我優異的成績，但不要給我課題或訓練。」、「上天，請給我智慧，但不要給我痛苦。」

有痛苦是為了教導、引導我們，並成就智慧。聖經上說：「有

150

火煉的試驗臨到你們，不要以為奇怪。」你不會碰上一個你無法處理的問題，你碰上的問題都是為了讓你體會自己擁有的能力。

人們最大的問題，就是想趨吉避凶；一直想逃避或改變無法改變的事情。事實上，人來到世間都是為了要學習，你必須受訓、考試，必須面對愛恨情仇，必須處理生老病死，這是你的課題。真正治本的方法不是逃離，而是改變面對這些事情的態度，例如，對病痛的態度、對失去金錢的態度、對愛情的態度……。從愛恨中學會愛自己；從身體殘障中，發現不受限的頭腦；從人生大起大落中，學會放下；從生離死別中，學會愛與珍惜。也就是說，發生什麼事並不重要，重要的是怎麼看你眼前的事。當你學會從悲劇中找到正面意義，你就頓悟了。

我們一直以同樣的劇本、同樣的模式，在演同樣的人生。

直到有一天，你學會用新的方式、新的態度過日子，就能瞬間改寫劇本，過著全新的生命。

以前我也想改變世界，現在的我則敞開心胸，讓世界來改變我。每次的改變，都代表我的成長。我沒有師父，因為生命就是我的導師。我接受一切發生的事，然後從生活中學習。因為我知道，在上帝改變我之前，祂不會改變我身邊的人事物。

# 記住好事

人很容易注意一些不好的事，卻感受不到生活的美好；老記得別人做錯的事，卻忘了人家做了多少好事。因此，人們的不滿遍布生活每一個層面：我的父母有問題、朋友有問題、身材有問題、讀的學校有問題，就連住的地方也有問題；隔音不好、冷氣不冷、蚊子太多、鄰居沒水準。

曾經有個憤世嫉俗、心中無法平靜的人，求助《奇蹟課程》的作者海倫‧舒克曼，問她該如何解除他的種種問題。海倫只回答：「從今天起，每天寫下一件你感謝的事。」

起初他需要思索很久，才想得出有什麼事值得感恩，但日復一日，他逐漸對大自然的美好心懷感激，進而發現許多值得

他感激的人與事，到最後，連過往的憤恨也消失無蹤。

為什麼要去感恩？很簡單，因為感恩會讓我們注意好事，帶來好心情。

找一本空白筆記，把好事寫下來。我建議大家每天臨睡前，花一點時間回想今天碰到的好事、做過的好事，寫在你的簿子裡（你不妨稱之為你的「好書」）。

寫這份清單時，請在每個項目前加上：「我很感激，因為……」或「我很感謝，因為……」或簡單地寫「謝謝，因為……」。

例如：

我很感激，因為今天工作順利。

我很感激，因為與家人感情融洽。

我很感激，因為看到美麗的夕陽。

我很感激，因為有許多關心我的朋友。

將每天的好事記下來只是第一步；第二步是要經常把「好書」拿出來溫習。每當你把這本書重新看一遍，你就會記起過去幾個星期、幾個月，甚至幾年來，發生在你身上的種種好事。

感恩是喜樂的種子。你可以多去發掘，把所有事情列成一張清單。不論你擁有什麼，都要記下來；不論你經歷什麼，都要心存感激。一個關懷的眼神值得感謝；一些貼心的舉動值得感謝；一頓恰合胃口的晚餐值得感謝。即使你身處黑暗，在你身邊仍然有很多值得感謝的事。

衣服越來越緊，你要感謝，那表示你吃得很好。

打掃房子很累，你要感謝，那表示你房子很大。

接到所得稅單，你要感謝，那表示你還有工作。

責任越來越重，你要感謝，那表示你越來越重要。

欠銀行很多錢，你要感謝，那表示你信用還不錯。

孩子調皮搗蛋，你要感謝，那表示他們很健康、有活力。

情人移情別戀，你要感謝，那表示不愛你的人走了。

有牙齒需要補，你要感謝，那表示你牙齒還沒掉光。

天氣越來越冷，你要感謝，那表示春天不久就會來臨。

幸福並不是你經歷過的事，而是你記住的事。你越去感激，你的抱怨、牢騷就越少。

英國文學家狄更斯說得好：「人人都擁有許多福分，想一想你現在的福分；人人都會遭遇一些不幸，不要牽掛過去的不幸。」

微小的幸福就在身邊，容易滿足就是天堂。永遠抱著感恩的心，珍惜身邊所擁有的一切，幸福就是那麼簡單！

156

# 我能多做些什麼？

我們先來做個快樂的夢吧！

你起個大早，跑去打高爾夫球，沒想到在逆風的情況下，竟以一五〇碼的距離一桿進洞，真是太神了。

你事業有成，是個要什麼有什麼的大富翁。住的是媲美飯店的豪宅，吃的是米其林三星頂級美食。閒來無事就去兜兜風，車子該選藍寶堅尼還是賓士好呢？就看今天的心情如何。人人稱羨的地位，備受推崇的名聲，全部都有了。

不過好像還少了些什麼？那就是和你一起分享的對象。

人心是很奇特的，就算擁有了全世界的財富，遇到最幸運

的事，如果沒有人能共同分享，也感受不到多大的幸福。不管再怎麼豪華的別墅或宅邸，一個人住久了也會覺得無聊；再奢華的美食，一吃再吃也會食不知味。這就是為什麼現代物質豐富了，但人心卻越來越空虛——因為我們少了分享，所以感受不到滿足。

人非常吝嗇，以為一旦付出任何東西給別人，就不再擁有。

我們將世界看成一塊固定大小的餅，當別人拿走一大片，自己的分量就少了，因而非常吝於給予。

然而，整個宇宙的特性正好相反。一個不動的湖水只會越來越少，但流動的河水卻越來越多，因為它把自己給出去，給人們、給農田、給大地、給海洋，它給予越多，就越充沛、越活、越新鮮！

優秀的老師會毫無保留地把知識傳授給學生，當學生素質越高，自己也越學越多。成功的銷售員都知道要努力為顧客服

務，而不是銷售商品。只要善待顧客，他們再度光臨的機率就會增加，反之則減。你為別人做什麼，就是在為自己做。

當你覺得孤單寂寞，將你的手伸給孤單無依的人，你便不再寂寞。分享的喜樂是加倍的喜樂，分擔的痛苦是一半的痛苦。施與受的好處是均等的。當你抱著一個嬰兒，是誰在散發溫暖，又是誰在接受溫情？付出溫暖的人絕對不會感到寒冷。

在生命中，你總是想要更多，更多的錢、名聲、地位、快樂。

然而，你並未審視自己分享了什麼。只有在你善加利用擁有的東西時，才會被賦予更多；這是自然法則。從井裡將水提出來，就會有更多新鮮的水湧入你的井裡，豐沛的源頭總是源源不絕。

因此，假如你擁有才華的話，運用你的才華；假如你擁有時間的話，運用你的時間。你奉獻越多，就會被賦予更多的能力。不要說：「我能再多得到什麼？」應該說：「我能多給什

Part4
放飛心情，放空自己

麼？」、「我能多做些什麼？」假如你將之轉變過來，你的人生也會改變。

聖雄甘地的墓碑上，刻著下列字句：「想像一個你所見過最貧窮的人，然後問自己：下一個行動是否有助於他？」當我想換手機時，這句話會閃過我的腦海；當我準備花錢吃大餐時，也會即刻想到，在地球上，每年大約有七百萬名兒童，因營養不良而死亡，第三世界國家裡，有一億三千萬兒童沒有去上學……，我能幫助他們什麼呢？

「我應該把錢捐給窮人，而不是去買糖吃。」是的，當你擁有美好的事物時，所要做的第一件事，就是把它分享出去，讓世界因你而變得更美好！有一天，等到你老了，你將會發現，這些事情是你唯一記得的，而其他的事情，你寧願忘記。

# PART 5 選擇放下，就能活在當下

享受不用等到無所事事或躺在沙灘上度假；
也不用等到換新車、買新房；不用等到週五晚上或寒暑假；
不用等找到對象、還清債務……最後等到生離死別。
想要擁有快樂生活，時機就是現在——一直都是現在。

# 學習「不求人」

西洋情人節剛過，一位經營花店的朋友透露，那天收到很多訂單，付款者和收花者是同一人。

「這些女顧客一定是訂花送給自己。」他說。

「你怎麼知道？」

「這還用說嗎？因為沒收到花，不就代表沒人愛？」

「那不是沒人愛，而是懂得愛自己，」我反駁他：「因為愛自己的人，就不必求別人的愛。」

有位太太，從談戀愛起，便把一切希望都放到愛情上，付出一切，也期望先生能更愛她。

然而，隨著婚禮的完成，所有的浪漫也告一段落。先生收起以往的熱情殷勤，就這樣日復一日、平淡無趣地過生活，久了就連她最在意的生日、結婚紀念日也經常忘記，每每令她傷心不已。

鬧了幾次，先生的冷淡加敷衍，讓她覺得沒好趣，而先生輕蔑的態度，更讓她感到被輕視。

她開始懷疑，先生是否不愛她了？甚至懷疑他有其他女人，整天疑神疑鬼，把自己弄得心神不寧，最後罹患了嚴重的憂鬱症。

這就是不懂得愛自己！

當你不斷地期待別人，背後所隱藏的正是一種「依賴別人而活」的心理。換句話說，你是在「求人」；你把自己交給了別人，讓別人來操縱你。那你便一直需要別人的感情賞賜和施捨，為了想討好別人而扭曲自己、委曲求全，而當你的「要求」

被拒絕的時候，你會變得憤怒、挫折、失望、沮喪，甚至覺得備受屈辱。

想要活得快樂有尊嚴，就要學習「不求人」，並回過頭來「求自己」。

怎麼「求自己」呢？很簡單！就從「愛自己」開始。

如果你得不到你所渴望的愛，那就由你自己給自己吧！送自己一份禮物；買一大捧鮮花給自己；去學一些喜歡的才藝；找朋友出去喝個下午茶。與其期待別人給你快樂，不如自己給自己快樂。何必去求人呢？

有個太太，在她丈夫每年過生日時，一定會到飯店訂位子，要求全家大小都出席，還買蛋糕，幫丈夫過個快樂的生日。等她自己生日到了，她也一樣自己掏腰包，全套的過程再來一遍，讓自己過個快樂的生日。

164

她說：「如果我期待先生幫我過生日，那很可能會造成雙方的不愉快。因為他慶祝的方法絕對和我不同，搞不好還會吵架。與其等他表示，不如自己慶祝比較爽快！」

她是對的，求人還不如求己。如果你餓了，不必等別人來告訴你，或等別人給你食物，否則，你一定經常挨餓，甚至會餓死。

# 放下預期心理

我最近去開會，到一個停車場停車，剛好看到有人正要把車開出來，於是就把車靠邊停，打著方向燈，準備等這輛車出來後，我就可以停進去。然而，就在我等待的期間，竟有一輛車當著我的面直接卡位。

「這人怎麼這樣，難道他沒看到是我先來的嗎？」當時心裡很不悅，連帶影響到開會的心情。

事後，我回想整件事：我是怎麼回事？整個停車場又不止這個車位，為什麼我會如此在意？原因就在，那是「我準備要停的車位」。

人都有特定的心理習慣，只要周遭的人事物，不符預期，就自動觸發負面的情緒。比方說，你跟某人約好，他卻臨時有事；你準備好出去旅遊，卻突然下起雨；你已預定好到達的時間，路上卻大塞車；你希望收到生日禮物，結果卻空歡喜一場……。這時你的心情就會不好，對嗎？

換句話說，人們之所以會感到不如意，並非有壞事發生，而是因為事情不如我們的預期。

如果你去度假，對某個景點抱持高度期待，然而到達之後，它並不像你想的那樣，你就會失望。問題並不在那個地方，而是出在你過高的期望。

當你對朋友、同事、家人、配偶抱著期望，卻沒有如你所願時，你就會對他們感到失望或不悅。但這不是他們的錯，錯在你抱持的期望；讓你生氣的，是你的期望。

你遇到的問題也一樣。如果你硬要事情符合你的預期，那

麼只要不合你意，就會變成問題；你若坦然接受任何當下發生的事，問題就不再是問題，只是單純的人生經驗。這不代表所有的事情都是美好的，但只要能接受事物的原貌，你的人生經驗就會變得全然不同。

西藏有句諺語：「沒有令人失望的眾生，只有陷入失望的眾生。」

生活就是這樣，它不是我們喜歡怎樣就能怎樣，這是大家首先要有的覺悟，否則我們將繼續受苦。我們會挫折、難過，並非現實在跟我們作對，而是我們抗拒現實才會受苦。

所以，我總提醒自己，做任何事，不要預期結果。如果太在乎結果，求好心切，壓力自然會產生。當我們一心一意追求某個結果，只專注於既定的目標，視野就會變得非常狹隘，反而錯失其他可能。

168

在感情和人際關係上遇到問題，我則反問自己：「是不是因為我有期待？是不是我預期對方應該做什麼、應該怎麼對我？」我們越能覺察自己的期待，就越能看到問題的所在。

有了這樣的覺悟之後，這些年來，我變得很少生氣，因為我不再期待別人為我做任何事。當別人不肯定我，我不會不開心，因為我不期待他們的肯定。當你放下預期心理，你的不快樂也跟著放下了。

# 這樣也可以，那樣也不錯

如果你請人幫你買珍珠奶茶，他買回來的卻是檸檬紅茶，你有什麼反應？

一、心情馬上跌到谷底。

二、責怪對方。

三、喝檸檬紅茶也可以。

如果你一定要吃或喝到那種口味，那你的心情當然不會太好，甚至比沒買到更糟。但東西既然都買了，你還能怎麼辦呢？

幸福人生來自於「給什麼，要什麼」，這點非常重要。因為世事總無法盡如人意，我們唯有「接受」事實，「享受」現況，

170

才能擁有幸福人生。

接受，就是從「非這樣不可」的觀點，變成「這樣也可以，那樣也不錯」，沒有一定要怎麼樣。引述德國作家艾克哈特‧托勒（Eckhart Tolle）的話：「無論當下發生什麼，請接受它，如同你由衷地選擇它一般。」

飲料喝紅茶也可以，果汁也不錯，白開水也沒關係，不一定要喝珍珠奶茶或咖啡。

慶生去看夕陽也可以，寫卡片也不賴，看電影 OK，不一定要拿到禮物或吃大餐。

週末下雨，在家看書也可以，整理房子也很好，打電話給朋友也不錯，不一定要晴天才能享受週末。

你注意過那些幸福的人嗎？他們的生活並非完美無缺、事事如意，他們之所以如此幸福，是因為他們願意接受現況；是

因為他們總是隨遇而安，所以問題也就不會產生。

在一個鄉村裡，有對貧窮的老夫婦。有一天，他們想把家中唯一值錢的一匹馬，拉到市場去換點更有用的東西。老頭牽著馬去趕集，他先跟人換一頭母牛，又用母牛去換了一隻羊，再用羊換來一隻肥鵝，又把鵝換成母雞，最後用母雞換了別人的一大袋爛蘋果。

每次交換時，他都想給老伴一個驚喜。

最後，當他扛著大袋子來到一家小酒店歇息時，遇到兩個英國人。閒聊中，他談起了自己趕集的經過，兩個英國人聽了哈哈大笑，說他回去一定會挨老婆一頓罵，老頭子卻堅持絕對不會。英國人就用一袋金幣打賭，於是三人一起回到老頭子家中。

老太婆見老頭子回來了，非常高興。她興奮地聽老頭子講

述趕集的經過，每聽到老頭子用一種東西換了另一種東西，就滿是敬佩地稱讚老頭子。

她說：「我們有牛奶喝了！」

「哦，我們有雞蛋吃了！」

「哦，雪白的鵝毛最漂亮了！」

「羊奶也同樣好喝。」

最後，聽到老頭子背回一袋已經開始腐爛的蘋果時，她同樣不惱不惱，高興地說：「太好了，我們今晚就可以吃蘋果餡餅了！」結果，英國人輸掉了一袋金幣。

想想看，當你滿懷渴望卻事與願違時，你會怎麼樣？你能輕鬆放下滿懷渴望的心情嗎？

# 隨自己的緣

「隨緣」兩字時常聽見，但大家真正了解其中的道理嗎？

有人真的能夠做到隨緣嗎？

隨緣，是隨順身邊發生的狀況，自然地應對；不管你有的是什麼，根據本身擁有的條件去發展。

舉例來說，如果你生長在一個富裕的家庭，恭喜你，你很幸運。但從另一個角度來看，也是一種不幸，因為你的心靈成長有限。反過來，如果你生長在一個窮困的家庭，也許在物質生活上是不幸的，但在心靈上卻是最幸運的！因為只有在這樣的環境下成長，你才知道什麼是知足常樂，才能體會什麼是苦盡甘來。

如果懂得隨緣，你就能安然自在。最悲哀的是，你生長在窮困裡，卻羨慕有錢的生活。這樣一來，你只會兩頭空；不但物質得不到滿足，心靈也得不到成長。

很多年輕朋友跟我說：「我不喜歡自己，如果讓我選擇，我希望自己像某人一樣有錢，跟誰一樣聰明，長得像某某人一樣美麗……。」這當然都是幻想，實際上，你根本不可能成為別人，你就是你。

以前我的頭髮烏黑，現在卻滿頭白髮，我也不想啊！可它還是白了，我有什麼辦法呢？我希望兒子沒有妥瑞氏症，但他的身體常出現不自主重複的動作，和發一些怪聲，自己無法控制，我只有坦然接受。

每個人都有他不能改變的事實，比如說，你有個不爭氣的爸爸，你有一個不討喜的外貌，或是得到某種怪病。如果你把

自己困在其中，無法坦然接受，那就會痛苦終日；只有隨緣成
長，才可能發展出更好的自己。

在日本，有一個小女孩非常地自卑，因為她的聲音天生沙
啞，很難聽、很奇怪，甚至怪到沒有人願意跟她做朋友，還常
嘲笑她。她非常難過，覺得上天對她太不公平了！

後來，她當了舞臺劇的演員，稍稍找回一點自信。很巧的
是，當時日本有個漫畫家叫藤子不二雄，他的漫畫哆啦A夢非
常受到歡迎，正準備要拍成動畫卡通。偶然間，他聽到了那個
女孩的聲音，便找她來試音，她好訝異！居然有人看上她那引
以為恥的聲音？

這個女孩是誰？她就是動畫中的那隻機器貓──哆啦A夢
日語版的配音員！

英國生物學家達爾文說得對：「生存下來的，不是最強的

176

物種，也不是最聰明的，而是適應力最強的。」

我以前去過美國的新墨西哥州，聽說那裡有個種蘋果的農民，叫詹姆士。他每年都用郵購方式銷售他的蘋果。這一年，時運不佳，在蘋果豐收的時候，突然遭受冰雹襲擊，蘋果個個像長了雀斑，不再光滑美麗。

詹姆士眼看就要血本無歸，突然，他想到一個主意：「為什麼不把這些蘋果的缺點化作它們的特點呢？」於是，他照樣採摘、包裝了蘋果，郵寄給客戶，並在每箱蘋果裡夾一張小紙條。紙條上寫著：「這次的蘋果都長了雀斑。只有戀愛和懷孕的女人，才會長雀斑，所以，它們比過去更甜美！」收到蘋果的客戶都被逗笑了，不但沒有人退貨，甚至還有人追加購買長雀斑的蘋果呢！

生活中有很多人和事，是你的想躲也躲不了，不是你的想得也得不到；這就叫做緣。既然我們無從選擇它發不發生，就

不妨以「隨緣」的人生態度來面對。

什麼樣的因緣，就會發展出什麼樣的自己，才能走出你自己的路。

# 每個人都要為自己負責

他喝醉了，打電話給我，要我去幫忙。又來了！我知道他很失意，也知道他走投無路，但我不能再這樣下去。他不能一直出問題，不能一直不負責，我也不能一直援助他。

多年來，我經常想要承擔別人的責任而弄得自己疲憊不堪。

我發現，人之所以會有很大的無力感，原因在於，我們無法去負「我們不能負的責」；無法解決「不是我們的問題」。

在生活周遭，我看過太多人操太多的煩、擔太多的心——

放不下孩子、放不下父母、放不下兄弟姊妹、放不下墮落的朋友……。如果我去關心他們，就很想去幫他們，否則會覺得自己好像見死不救。但你丟繩子救他，他卻連綁在身上都不願意，

你救得了他嗎？

沒有人能改變不想改變的人；這是我的心得。

有些人不論是在一起或是分開的時候，都會讓你覺得耗盡精力、空虛且沮喪。他們在感情或物質上貪得無厭，不管你在他們身上投入多少心力、時間或金錢，他們總還是需要另一種東西。

如果你試著幫助他們，他們會拒絕，還會和你爭辯他們的問題。如果你去干涉，他們還會抱怨你管太多，甚至把問題歸咎於你。像這樣的人，你能幫什麼？還是幫自己好了，跟他們保持距離。

試想，如果有個人坐在漏水的船上，你能上船幫他嗎？你只能在岸上提醒他怎麼把水舀出來，否則不但加快沉船，連自己都可能一起滅頂。

180

我說過，人都是來學習的。有時，即使周遭的人怎麼勸你，你都執迷不悟，這可能就是「你的」生命課題；如果你對某人屢勸不聽，那也可能是「他的」生命課題。所以，不要去評斷或介入，因為他們經歷的，正是他們需要的；而你經歷的，也正是你需要的。沒有人能幫你跳脫，除了你自己。

你生病可以去看醫生，看完醫生你的病就會好嗎？不，不會。醫生很認真地幫你檢查身體，告訴你哪裡出問題，給你開藥方，但如果你不吃藥，那麼看一百次醫生都沒用。

禪語云：「我能為你煮東西，但我不能為你吃東西。各人吃飯是各人飽，各人生死是個人了。」

每個人都得學會照顧自己。人們必須明白，他們對自己的生活有責任，你也有自己的責任。即使對孩子也一樣，你只是風。你的孩子在船上，舵是掌握在他們手中。你可以把自己的

想法和建議給他，但你不能替代他；你不能親自幫他駕駛屬於他的船，否則他就學不會，連風的影響力都沒有用。

我們很難放下關心的人，不為他們憂心。或許他們正在糟蹋自己，而這一切就發生在你眼前。但是，你能怎麼樣？若你的幫助真的有用，情況早就不同了，不是嗎？

有一天，阿難問佛陀：「世尊，我每天都跟隨您，但我要到什麼時候，才能跟您一樣開啟智慧呢？」

佛陀聽了阿難的問題，坐在大樹下，吃起剛剛托鉢而來的飯，並要阿難看著他。

當佛陀吃飽飯後，問阿難：「阿難，我吃飽了，那你呢？」

阿難說：「我又沒吃飯，怎麼會飽？」

於是，佛陀告訴阿難：「既然我吃飯，你不會飽，那我修行，你也不可得。我只能教你如何走路，不能替你走啊！」

園丁沒有能力使果樹長大，他能做的只是維持最佳環境，讓作物順利生長，其餘都是樹木自己的事。每個人都要為自己負責。

# 安於「不知道」

談了快四年的感情，最後竟落得一場空，想到：「他已經離我而去，將來沒有他的日子真難熬。」一位學生傷心地說。

有位朋友中年失業，又出了車禍，知道他的遭遇，我當然盡可能安慰他，但他還是愁眉不展，最後嘆了口氣說：「為什麼我會這麼倒楣，將來的日子要怎麼走下去？」

當人無法理解生命中的種種遭遇時，困惑自然會隨之而生。

但事情會怎麼發展，其實我們並不知道，你能肯定將來不會更好嗎？不，你不能。

作家華特‧海比（Walter A. Heiby）寫過一則故事：

有個船難生還者，獨自在一座無人島上，建造一間簡陋的茅屋，存放他搶救的物品。他每天都向上帝祈求援救，並焦慮地察看水平線，期待能看到船隻經過。

有一天，當他在小茅屋烹煮早餐時，看到水平線上出現一艘郵輪的輪廓。他發狂似地跑到海邊，激動地上下跳躍著，揮舞雙臂，竭盡所能地尖叫。但這艘船卻無動於衷地繼續航行，並未朝著他的方向移動。

這位男子帶著驚恐與沮喪的心情回到茅屋，卻發現茅屋著了火。轉瞬間，茅屋完全燒毀，他的財產都付之一炬。

他簡直無法相信發生這樣的事，傷心之餘，不禁埋怨上帝：

「我隻身在這個小島上已經夠慘了，怎麼連唯一的棲身之處，和僅有的一點東西都化為灰燼。老天啊！你為什麼要逼我走上絕路？」

正當他沉浸在傷心和絕望之中時，突然有人駕船來救他。

他驚喜之餘，不解地問來人：「你怎麼知道島上有人呢？」

救他的人說：「我們起先也不知道，後來看見島上火光沖天，覺得奇怪，船長派我們來看看，沒想到真的有人。」

他的埋怨全變成由衷的感激，因為上天借這把火救了他。

在人生中，某個時期看似倒楣的事，後來很可能成為一生最幸運的事；而一開始看似天大的好運，也可能變成一場夢魘。

如同科幻小說作家羅素所說：「一件事到底是好事或壞事，要看故事什麼時候結束而定。」

我們必須安於不知道，即使我們被卡在車陣中，甚至錯過班機，因為你怎麼知道，這不是上帝要你停留之處？你怎麼知道上帝不是讓你遠離一場意外呢？即使你的計畫沒有實現；沒有簽下那張努力很久的訂單；沒有和你所愛的人白頭偕老；沒有如願得到你等待的升遷；銀行貸款沒有核准，而買不成你心

186

儀的房子……等等。你怎麼知道上帝不是在幫助你、保護你？

有位同事常跟我提到「被阻礙是上帝的保護」的觀點，因為他就是因生病住院，才認識現在的老婆；也是因銀行拒絕放貸，才免於一場錯誤的投資。

這就是為什麼蘇格拉底說：「我只知道一件事，那就是我一無所知。」生命中的重大轉變，都發生在最意想不到的時刻。

所以，不要判斷，也不要抱怨或譴責，既然我們並非全知全能，就不可能知道故事會如何發展。只要相信我們最終所得的，都是最適合我們的，那麼事情就會在最好的時刻，以最好的方式來到。

# 每跨出一步，就放掉一些

人生越是往前走，就累積越多的包袱和負擔。財物、職責、人際關係、應該做的、必須做的、人情世故和日常瑣事不斷增加，於是我們每天都得拖著沉重的負擔，艱難地生活。

你有沒有檢查過你的「包袱」，有多少是不必要的負擔？裡面裝的是食物，還是石頭？是否應該停下來，把包袱放下，先理清楚，讓自己更輕鬆地往下走呢？

印度大哲斯瓦米拉瑪說過，人每跨出一步，就要先把腳從原來占據的那一點提起來，放掉那一點才走得開。再跨出下一步，就連剛剛占據的那一點都要放下。如果放不開腳下的那一

點，就走不開。

人生的道路上，有人可以走得瀟灑、優雅而開心，是因為他們放掉身上的包袱；有人卻走得很沉重、沮喪，因為放不下原來占據的那一點。

一位佛教的法師講了一個故事：

某個人想渡溪搬到城裡住，他做了一具竹筏渡過了溪，上岸時卻捨不得把竹筏放下，仍然氣喘吁吁地背在身上進城。最後法師問：「這具竹筏對他而言，到底是有用的財產或負擔？」

想想，每個人初來到這個世界上，都是兩手空空，沒有帶任何東西。但隨著年紀漸長，我們不斷地買東西、要東西、找東西，擁有的家當越來越多，累積的責任、承諾以及要做的事不斷增加，肩上扛的責任也越來越重，幾乎占據了你全部的空間和時間。這到底是你的財產，還是負擔？

那些你所執著的，像是無趣的工作、無解的愛情、無望的

投資，是否還扛在身上？你過去的失敗、你後悔的事、你憤恨的人，是不是還抓著不放？

再想想，每天名利纏身，你爭我奪，快樂從何而來？成天心事重重，陰霾不開，快樂從何而來？成天鳥肚雞腸、目光如豆，快樂又從何而來？

人們總誤以為快樂是要得到什麼。事實上，「得」的快樂是一時的，「放」的快樂才是長久的。想像一個國王，從未放下身為君王的煩惱，像是責任、內憂外患等等，他可能完全無法享受自己所擁有的一切。又如果在這王國中，有一個乞丐或哲人，他已放下內心所有的煩惱，懂得享受自然所賜予的一切，那麼誰比較快樂？

想要離苦得樂，重點不在「得什麼」，而是「放什麼」。

更明白地說，放下並不是剝奪我們，要我們放棄能帶來快樂的

一切，相反的，是要放棄那些會帶來無盡煩惱的一切。

這很難嗎？不難。想想，你如何甩掉一件沉重而無用的行李？只要你體認到自己不想再承受更多的痛苦，或繼續背負重擔，你自然會甩掉它。

因此，我們必須先認清，是哪些東西帶來痛苦，然後放下它。

天使之所以能夠飛翔，是因為祂有輕盈的翅膀。我們也應該學會割捨，每跨出一步，就放掉一些包袱，這樣人生才會走得輕鬆自在。

# 一次只做一件事

多數人都有注意力不集中的問題，只是程度的差異。不論是在讀書、寫報告或是跟人聊天，我們往往人在那裡，心卻飛到九霄雲外，也許是想到晚餐要吃什麼，盤算著冰箱裡有什麼食物；或是想到週末跟朋友的聚會，該穿什麼衣服，是否該買新衣了……。人心就是如此，即使我們已經計畫好要做某件事，往往做了之後，又突然想到還有其他事要做，然後這裡做一點，那裡做一點，結果什麼也沒做完。

好友杜教授是外科權威，同時也是名揚國際的學者。多年來，我很幸運可以近距離觀察他，無論是在家陪家人、在講臺

上教課、在手術臺開刀，或是出國主持會議，他總像雷達一樣精確對焦，掌握自如。有時候，他雖然工作繁雜，但仍然能空出時間和大家聚會，到底他是怎麼運用時間的呢？

他說：「其實這也沒什麼難的，一次只做一件事情，僅此而已。」

能夠確實集中精神在一件事情上，不被其他事情干擾，我認為這就是他過人的地方。以外科工作為例，每天要面對很多病患，這個處理完還有下一個，就算有可能遇到術後併發症，仍要專注在「現在」的情況，而不是過去或未來的狀況上。就像優秀的運動員一般，要將眼光集中在球上面，而不要去想上一場比賽或下一節比賽的可能狀況。

反過來說，要是凡事定不下心來，就常會顧此失彼，一無所獲。想像你參加比賽，必須將兩隻相當重的小豬，抱到一百公尺遠的地方。如果你先抱起一隻，接著又抱起另一隻，那很

Part5
選擇放下，就能活在當下

有可能搬不動，或是顧了這隻、跑了那隻。

有些人覺得他們的生活充滿無奈，「你看！我要承擔這麼多責任，我要獨自面對、獨力解決所有問題，度過所有難關。」如果我們同時面對過去、現在和未來的問題，當然會負荷不了，會覺得無力。因為我們只能活在當下這一刻；只能處理當下正在發生的這件事。

說一則故事：

一隻新組裝好的小鐘，放在兩個舊鐘之間。兩個舊鐘「滴答」、「滴答」一分一秒地走著，其中一個舊鐘對小鐘說：「來吧，你也該工作了。可是我有點擔心，你走完三千兩百萬次以後，恐怕就吃不消了。」

「天哪！三千兩百萬次。」小鐘吃驚不已，「要我做這麼大的事？我辦不到，辦不到。」

194

另一個舊鐘說：「別聽他胡說八道！不用害怕，你只要每秒擺一下就行了。」

「天下哪有這樣簡單的事情。」小鐘將信將疑，「如果這樣，我就試試吧！」

小鐘很輕鬆地每秒鐘「滴答」擺一下，不知不覺中，一年過去了，它擺了三千兩百萬次。

俗話說：「大象怎麼吃？只能一口接一口吃。」聰明的人一次只咀嚼生命的一小片段，這樣才不會噎到。

古代禪師開示弟子的修行之道：「吃飯時吃飯，睡覺時睡覺。」道理即在這裡。如果你無法好好吃飯，你將無法好好睡覺。當你一邊吃東西，一邊想著下一刻要做什麼，那你睡覺時也會百般煩惱。結果你該休息的時候，沒休息到；該享受的時候，沒享受到；該做事的時候你又分心……，你看出其中的問題了

嗎？

　　拿一張寫著「此刻，你在做什麼？」的小卡片，隨時提醒自己覺察當下，你將會有驚人的發現！下一次當你和另一半談話時，別再想你的工作，專注於你們的交談，工作的問題就等上班時再專心思考，這樣你和另一半談話會更愉快，工作也會處理得更順利。

　　我經常提供這種「生活禪」給學生：如果你想到過去不愉快的事，請把注意力放回現在、此刻；如果你擔心未來的事物，也請回到此刻；即使你想到快樂美好的事，同樣的，也請回到此刻。

　　有位舞蹈老師做了很美妙的比喻：「這一堂課我們上得很愉快，我真的很捨不得離開你們，但我得回家了，回到我老公的懷抱，感覺也很不錯。在這裡跳舞的時候，我忘記了其他的東西，等一下回到家裡，我也會忘記你們。」

「全心全意」專注於自己正在做的事，而且一次只做一件事。這樣你的生活就能精準對焦，掌握自如。

Part5
選擇放下，就能活在當下

# 覺得幸福的事，就趕快去做

長久以來，多數人都以為幸福是「以後」的事。你說：「只要等我賺夠了錢、等我通過考試、等我買到房子、等我達成目標……。」於是，你等、等、等，直到有一天，你高興地說：「太好了，我終於辦到了！」然而，幸福的感覺似乎沒能維持多久，因為你又有新的目標，又把幸福延到「以後」。

有些人相信，幸福就是「解決某些問題」。但事實上，當你解決了這個問題，馬上又會有下一個難題出現。車子的煞車壞了、房屋漏水、扭傷了腿、丟了工作、情人變心、孩子頂嘴、被人誤解……等等，為了等到完美的生活，我們不知錯過了多

少美好時光；人生難道就只是一連串的等待與無奈嗎？

戴爾・卡內基曾感慨說：「人性中最可悲的事情之一就是，我們全都有把生活挪後的傾向。我們全都夢想著地平線上方的某個神奇玫瑰園，卻不知去享受今天盛開在我們窗外的玫瑰。」

我們看到很多人，該做的事、該度的假、該和家人共遊的承諾，一再跳票；等事情解決再說、等我升遷再說、等我簽下這份合約、等我退休、等孩子長大⋯⋯，再說、再說、再說。

我常聽父母說：「等孩子長大，我就輕鬆了。」幾年過後，他們說：「只要他們去上學，我就自由了。」又過了幾年則說：「等到孩子都畢業了，我的負擔就減輕了，到時我就可以好好享受人生。」可是後來，他們又在等孩子結婚，婚後又等孫子長大⋯⋯，而生命在這當中已悄悄流逝。

我認識一對夫妻。他們有位好友因心臟病猝逝，得年五十六歲，他原本想做很多事，但總想等存夠退休金再說，沒想到卻沒能活到那一天。友人的猝死，讓這對夫妻萌生退休之意，因為他們已經看清，只有當下這一刻才是真實的。也許那個未來的幸福永遠不會來臨，那些心中設定的目標永遠也無法達成。

我有一位病人就是如此。因為突然腦血栓，人生就這樣草草結束了，他最大的遺憾就是「未曾好好享受人生」。

身為一個作家，我發現自己也常陷入這種對幸福的迷失：

「等我寫好這篇文章……」或是「等這本書出版，我就可以好好享受一下。」

最後，我問自己：「如果寫作的過程我感受不到幸福，寫完之後我就能感受到嗎？我寫過的書已經數十本，如果我必須

等到完成下本書才快樂，又憑什麼相信寫完就會快樂？」我必然又會期待下一本書，那是沒完沒了的。

享受不用等到無所事事或躺在沙灘上度假；也不用等到換新車、買新房；不用等到週五晚上或寒暑假；不用等到找到對象、還清債務……最後等到生離死別。想要擁有快樂生活，時機就是現在──一直都是現在。

親愛的朋友，不論你今年幾歲，我希望你也能像我一樣，經常回顧自己的生命。

這輩子你做了什麼？你想做的事你都做了嗎？你有沒有好好笑過？有沒有真正快樂過？生命行至今日，有沒有欠缺什麼而感到遺憾？

你可以這樣問問自己：當生命終了時，你會不會希望自己曾經是以另一種方式過活？

覺得幸福的事，就趕快去做。大多數美好的事物，都是驀然回首才發現為時已晚。千萬別等到太遲了，才空留遺憾！

〈延伸閱讀〉

《快樂只有自己能給：42個讓快樂不請自來的人生哲學》

作者：何權峰

定價：二二〇元

我寫了許多書，常有人問我：「我一直很快樂嗎？」

「沒有。」我承認，但如果你問我比以前快樂嗎？

「是的。」我真的比以前快樂多了，而且我相信每個人都可以。

現在或許你正想著：真的嗎？那我還沒得到想要的東西、還沒達成目標，該怎麼辦？我的錢不夠用、我的關係失合，要怎麼快樂？我的煩惱和痛苦又該如何解除？

會問這些問題就表示你還沒搞清楚。你認為快樂是什麼？是解決煩惱和痛苦嗎？但你一直把煩惱和痛苦放在心上，又怎麼可能快樂？

別人也不是快樂來源，倘若你的快樂來自別人，痛苦必然也來自他人，因為你一直把那個人放在心上，你的情緒必會隨著起落。對方合你的意，你就高興；不順你意，你就難過，這樣會快樂嗎？

還有很多人認為快樂是通過考試、達成業績、被某人讚美，或是買到喜歡的東西、得到佳人的芳心、體重再減幾公斤……，但這就是快樂嗎？這些快樂難道不像花朵在白天綻放、很快就在夜晚凋謝嗎？

也許你以為的快樂是吃大餐、大採購、去遊樂場、上夜店、喝酒狂歡……，這些都只是享樂，為的是逃避空虛無趣，所以享樂過後往往更空虛無趣，這又是「錯把痛苦當快樂」。

從小我們就被教育，要有錢、有頭有臉、有汽車洋房以及這個那個。沒有人告訴你說快樂和這些無關，快樂無關外在，而是在自己的內心。有錢可以買好車、住大房，甚至僱司機和傭人，但在車裡和房子裡的還是同樣的你。物質可以改變生活，但不會改變你。

事實上，真正快樂的人，即使一無所有他仍然快樂。你

見過小孩毫無理由地就很快樂嗎？他們沒有金銀珠寶、沒有名牌服飾、沒有升官發財，他們甚至什麼都不是，卻笑逐顏開。

到一些落後國家時，我不斷看見一些人，他們充其量只比飢餓稍微好一點，可是他們卻活得很喜悅。他們的生活充滿歡笑、歌舞，並慶幸他們所擁有的一切。在醫院我也看到許多身患重症、四肢不全的人微笑面對生命。反觀那些物質充裕、四肢健全的人，卻時常愁眉不展、抱怨連連，為什麼？

因為我們都搞錯了。快樂並不需要完美的人生來顯示。

人們總是不斷地累積、無止境地追求，等待所有理想都實現、等待一切問題都解決、等待那顆欲求的心被填滿，大家想「抓住」的東西太多，以至於遺忘了自己原本就是快樂的。

印度聖者雷馬克利斯那說過一個故事：一個女人去看許久不見的朋友。進門後，她發現朋友收集了好多彩色線軸，五彩繽紛，琳瑯滿目。

她抗拒不了這些收藏的誘惑，趁著朋友去另一個房間，她偷了幾個線軸藏在腋下。可是她的朋友注意到了。她沒有責怪她，反而提議到：「好久沒見面了，一起跳舞慶祝吧！」女人尷尬萬分又不好拒絕，而為了不讓腋下的線軸穿幫，她跳得很僵硬，有如木頭人。主人勸她放鬆雙臂，她回答：「我不能。我只能這樣跳。」

想想看，如果她不再執著擁有、不再緊抓不放，她本來就是快樂、輕鬆自在的，不是嗎？

如果你不快樂，不快樂就是指標，表示你在某個地方執著了，你一定是被某個人、某件事、某個觀念、某個東西給束縛住了。會煩惱和痛苦的，就是要你別放在心上。

放下吧！我們冀求的快樂，無法假求於他人及他處，因為它們就在你的心裡。沒錯，快樂只有自己能給。

高寶書版集團
gobooks.com.tw

HL051

**當然可以不生氣：45個簡單策略，讓你不論好日壞日，都從容優雅**

作　　者：何權峰
書系主編：蘇芳毓
編　　輯：余純菁
美術編輯：黃鳳君
排　　版：彭立瑋
出　　版：英屬維京群島商高寶國際有限公司台灣分公司
　　　　　Global Group Holdings, Ltd.
地　　址：台北市內湖區洲子街88號3樓
網　　址：gobooks.com.tw
電　　話：(02) 27992788
電　　郵：readers@gobooks.com.tw（讀者服務部）
　　　　　pr@gobooks.com.tw（公關諮詢部）
電　　傳：出版部　(02) 27990909　行銷部　(02) 27993088
郵政劃撥：19394552
戶　　名：英屬維京群島商高寶國際有限公司台灣分公司
發　　行：希代多媒體書版股份有限公司/Printed in Taiwan
初版日期：2013年6月

◎凡本著作任何圖片、文字及其他內容，未經本公司同意授權者，均不得擅自重製、
仿製或以其他方法加以侵害，如一經查獲，必定追究到底，絕不寬貸。
◎版權所有　翻印必究◎

國家圖書館出版品預行編目(CIP)資料

當然可以不生氣：45個簡單策略，讓你不論好日壞日，
都從容優雅/何權峰著. -- 初版. -- 臺北市：高寶國際出
版：希代多媒體發行, 2013.06
面；公分. -- ( 生活勵志；HL051)

ISBN 978-986-185-861-6( 平裝 )

1. 修身 2. 生活指導
192.1　　　　　　　　　　　　　102009119